U0638844

当代高校思想政治教育理论与实践研究

吴文妍　鲁玲玉　毕　虹　著

延边大学出版社

图书在版编目（CIP）数据

当代高校思想政治教育理论与实践研究 / 吴文妍，
鲁玲玉，毕虹著. -- 延吉：延边大学出版社，2021.8
ISBN 978-7-230-01681-0

Ⅰ．①当… Ⅱ．①吴… ②鲁… ③毕… Ⅲ．①高等学
校－思想政治教育－研究－中国 Ⅳ．①G641

中国版本图书馆CIP数据核字(2021)第159340号

当代高校思想政治教育理论与实践研究

著　　者：吴文妍　鲁玲玉　毕　虹
责任编辑：张艳春
封面设计：王　朋
出版发行：延边大学出版社
社　　址：吉林省延吉市公园路977号　　邮编：133002
网　　址：http://www.ydcbs.com
E-mail:ydcbs@ydcbs.com
电　　话：0433-2732435　　　　　　传真：0433-2732434
发行部电话：0433-2733056
印　　刷：北京市迪鑫印刷厂
开　　本：787毫米×1092毫米　　1/16
印　　张：6.25
字　　数：137千字
版　　次：2022年3月第1版
印　　次：2022年3月第1次印刷
ISBN 978-7-230-01681-0

定价：56.00元

前　言

思想政治教育贯穿高校生活的方方面面。高校思想政治教育主要通过思想政治理论课和学校组织的相关活动展开。思想政治理论课主要由思政教师讲授，通过课堂教学向学生传授正确的主流思想观念、政治观点、道德意识，这是高校思想政治教育的主要内容。此外，高校思想政治教育的展开形式还有讲座、社团活动、宣传栏目等。

在新时代，高校思想政治课要确保习近平新时代中国特色社会主义思想进课堂、进教材、进师生头脑，更要以培养担当民族复兴大任的时代新人为着眼点，全面落实立德树人根本任务，以社会主义核心价值观为引领，全面推进高校思想政治工作改革创新，充分运用新时代的伟大成就，创新传统的高校思想政治教育方法，提高思想政治教育实效性。

长期以来，思政课注重理论讲述，缺乏实践性。创新高校思政课教学方法，需要教师确立新的教育理念，在课堂讲述之外，侧重实践的开展，将理论知识运用到实践中，"没有调查就没有发言权"。加强实践环节，不仅在课堂上增加学生的实践，也应该到群众中去，走出校园，走访人民群众，体验社会生活。思政课应该在保证学生安全的基础上给予学生更多直接参与社会活动的机会，丰富学生主观体验，以促进学生综合素质的发展。通过拓展课堂外的"课堂"，使高校思想政治教育真正融入学生生活，成为大学生成长路上的重要组成部分。

思想政治教育在高校教育中有着举足轻重的地位，加强高校思想政治教育是高校教育改革的重要内容，是提高思想政治教育实效性的重要途径，也是实现中华民族伟大复兴的重要基础。

撰写本书的过程中，借鉴了许多他人的研究成果，在此表示衷心的感谢。

目　录

第一章　高校思想政治教育的教学方法

第一节　教学方法的理论基础

教学方法作为从"对象自身中取得规定的东西"，有其深刻的理论基础，包括关于人的认知因素和非认知因素发展规律的理论以及人的学习规律的理论。关于人的学习动机和学习机制的理论是教学方法的理论基础。

一、行为主义学习理论

（一）学习的两种机制

在行为主义看来，当环境刺激使学生的反应发生相对持久和可观察的变化时，学习就发生了。在这里，学习是一个"刺激—反应"的过程。刺激是指可观察到的环境事件，反应则是指学习者的外显行为。行为主义学习理论认为，人之所以会产生学习反应，主要是因为学习的两种机制。

一种机制是经典条件作用，即由于条件刺激与无条件刺激反复同时呈现，条件刺激也能够引起相应的条件反射。巴甫洛夫在实验中将肉末（无条件刺激）和铃声（条件刺激）同时呈现，狗逐渐学会了将它们联系起来，于是铃声也能引起狗的反应。这个原理可以解释学生的情绪反应和态度。例如，某学生在高中时期因为看政治理论方面的书籍受到了老师称赞，他感到很高兴，于是在大学时期看到课表上出现思想政治理论课的名称时，他也会感到高兴；再如，某学生上学期学习了一门思想政治理论课，成绩不理想，因此他的心情比较糟糕，当他听说这个学期要学习另一门思想政治理论课时，他就会感到紧张和不适。这种先于某种行为或情绪反应的刺激称为前因。前因作为一种条件刺激，能够引起一系列相关的反应。因此，创设积极有效的前因，是一门重要的教学艺术。

另一种机制是操作条件作用，即学生的某个特定行为引起的特定结果，会使该行为更可能发生或更不可能发生。例如，某学生学习很勤奋，若得到教师的赞许，那么这个学生会更加勤奋；某学生每次上课都能按时到教室，教师表扬他，那么该学生今后会坚持按时到教室。斯金纳和桑代克发现，行为根据紧随的结果而发生变化，愉快的结果加强行为，不愉快的结果减弱行为。换言之，愉快的结果增加了个体做出某种行为的频率，而不愉快的结果降低了该行为出现的频率。也就是说，行为之后产生的结果，会作为一种刺激对该行为产生影响，这就是操作条件的作用。任何能增加行为频率的环境事件都是强化物，对于青年大学生而言，社会性强化物如教师的表扬与赞许、认可与期待、微笑与关注，对学生的学习行为都具有强化作用。

（二）强化、惩罚与学习

根据行为反应之后出现的结果对该行为产生的影响，行为主义学习理论分为四种不同的结果：正强化、负强化、给予惩罚和移除惩罚。通俗地说，正强化是学习者的某个行为发生之后产生了学习者认为有价值的或令其满意的结果，它会使该行为更有可能再次发生。例如，学生按时交作业，受到了教师的表扬，"按时交作业"这个行为产生了"受表扬"这个令他满意的结果，导致他会更加按时交作业。因此，教师对该行为的表扬增加了该行为再次发生的频率，这就是正强化。负强化是学习者的某个行为发生之后能够避免或逃避学习者觉得不愉快的事情，它也能使该行为更有可能再次发生。例如，学生发现如果按时交作业，就不会被教师责备，那么他就会更有可能按时交作业，这样可以避免被责备。教师没有责备学生，这对于学生按时交作业的行为而言就是一种负强化。给予惩罚是某个行为发生之后产生了学习者认为不愉快或不喜欢的结果，它会使该行为再次发生的可能性降低。例如，学生没有交作业，所以受到教师批评，学生不交作业的频率会降低。因此，教师的批评就是给予惩罚。移除惩罚是某个行为发生之后，学习者所看重的某种有价值的东西被剥夺，它也会使该行为再次发生的可能性降低。例如，学生没有交作业，教师不允许他使用手机，教师剥夺了学生使用手机的权利，这就是移除惩罚。更通俗地讲，正强化是行为之后给予学生喜欢的东西；负强化是行为之后消除学生不喜欢的东西；给予惩罚是行为之后给予学生不喜欢的东西；移除惩罚是行为之后剥夺学生喜欢的东西。前两类结果能够增加行为再次发生的可能性，后两类结果能够减少行为再次发生的可能性。

（三）行为主义学习理论对教学的意义

第一，行为主义学习理论对教学的意义，表现在它为程序教学法奠定了比较坚实的理论基础。程序教学法所遵循的小步子原则、及时强化原则等，都是基于行为主义学习理论。

第二，行为主义学习理论对教学的意义，表现在它为行为塑造和课堂管理提供了一种具体策略。教师通过合理运用强化和惩罚，可以有效地在学生身上塑造出他所希望的行为，消除他所不希望的行为，从而增强行为塑造和课堂管理的有效性。一是必须及时，以便在行为与结果之间建立有效的联系。二是必须具体，要让学生明确知道为什么受到强化或惩罚，以便精确地塑造或消除学生的某种行为。三是强化或惩罚必须发自内心，避免假意虚伪。四是要善于选择对大学生而言有效的强化物，适当辅之以非言语的正强化物。五是公开表扬和私下表扬相结合，考虑和避免公开表扬可能会给学生带来的惩罚性影响。

第三，运用行为主义学习理论，关键是要认真理解强化与惩罚的内涵及其运用原则。对学生来说，某种结果（学生的行为所引起的后果）具有强化意义还是惩罚意义，这不是绝对的。通常，教师认为对学生的某种行为给予表扬是一种强化，而对学生的某种行为进行批评是一种惩罚。实际情况可能恰恰相反，表扬可能具有惩罚的作用，批评则可能具有强化的作用。例如，教师因为某位学生准确回答了问题而点名表扬他，意图是想实施正强化以激发他更认真听讲。但学生或许将教师的点名表扬理解为一种惩罚，因为教师所提出的问题在同学们看来太过简单，而大学生通常很在意同学们对自己的看法，因此，教师的点名表扬反而被学生理解为教师在戏弄他。这启示我们，教师必须谨慎地采用强化或惩罚。

第四，在教学的某些领域（如课堂管理、程序教学等）运用强化理论是比较有效的，但也存在争议。对它的批评意见主要有：运用强化和惩罚来开展教学，是一种教师中心主义的方法，忽视了学生自主合作、探索和发现的学习机制；强化和惩罚是一种控制学生的技术，阻碍了学生自我控制和自我教育；强化系统会降低学生对学习的内在动机，而且强化系统是不可持续的。这些批评意见是中肯的，因此，教师要深刻理解强化理论的适用限度和边界，避免运用失范和失当。

二、信息加工理论

信息加工理论是认知学习理论众多分支中的重要一支。信息加工理论把学习理解为有意识的信息加工的过程，理解为"获取信息—加工信息—提取信息"的过程。

（一）知识的表征方式

认知心理学家认为，人脑以不同的方式来表征不同的信息。信息在人脑中被表征的方式就是知识表征类型。认知心理学家所说的知识表征类型，是指人在自己的工作记忆和长时记忆中对信息的表示方式。知识按照表征方式，可以分为陈述性知识和程序性知识。陈述性知识是能够被人陈述和表述的事实、概念、命题等知识，其基本知识单元是知识组块，主要的表征方式有言语表征、心理表象表征等。程序性知识则是关于怎样做的知识，涉及心智技能和认知策略，其基本单元是"产生式"，即"如果—那么"的心智操作程序。陈述性知识可以被组织为图式，即一种具有内在联系的知识结构或知识网络；程序性知识可以被组织为复杂的产生式系统。思想政治理论的知识大都是陈述性知识，如概念、命题、原理等，也包含复杂的程序性知识，如知识间的联系与区别、运用知识和原理分析问题等。

认知图式和产生式系统深刻影响着学生的学习过程。第一，学生是否善于以时间序列（标志事件发生的次序）、表象（标志客体间的空间关系）以及命题（标志词语、观念及概念之间的有意义的联系）等方式，对知识组块进行心智操作，并形成认知图式，这在根本上影响了学生的学习效果。第二，学生已经形成的知识结构，是他们学习新知识的背景和"构架"，也就是说，学生对新知识的理解是以他们原有的知识背景为基础的。心理学家巴特莱特做过一项关于检验大学生记忆效果的实验：首先让大学生们阅读一篇文章，然后以逐渐增加时间间隔的方式加以回忆。实验结果表明，如果被试者没有或缺乏相关的图式（知识背景和知识结构），那么，他们倾向于记住其中一部分而忘记另一部分，或添加一些文章中没有的信息。总之，被试者往往根据某种熟悉的图式来理解故事情节，并且倾向于通过某种加工（遗漏或添加信息）从而使阅读材料富有意义。这就要求教师要善于根据学生的知识背景和已有的知识结构展开教学。第三，学生的知识结构不仅影响新知识的学习，还是他们的个人习惯、价值观和信念结构的基础。

认知图式和产生式系统也深刻影响着教师的教学效果。教师的有效教学需要具备专业知识和教学理论（陈述性知识），也需要组织知识和运用教学理论的知识（程序性知识）。不仅如此，教师还要指导学生有效地形成知识网络，有效地形成和运用学习策略，这些在一定意义上比传授知识本身更重要。

（二）信息加工的基本过程

人的信息加工是从感觉到注意，再到知觉和记忆的复杂循环系统，具有复杂的信息编码、编辑和提取等加工机制。

人的信息加工过程从选择性知觉开始，这是信息加工过程的第一个阶段，这个阶段包括注意和知觉两个环节。人在每个瞬间都会接触到大量的信息，其中并非所有的信息都被人注意和知觉。在实际的认知过程中，人首先对感官所感知到的信息进行识别，其中一部分信息被注意和知觉。哪些信息引起了人的注意，哪些信息没有引起人的注意，取决于人们对这些信息的价值识别，这就是选择性知觉。在注意的过程中，外界事件容易使人的注意自发转移，这称为"朝向反射"；引起人的注意自发转移的事件，称为"朝向刺激"。在教学过程中，教师首先要通过强调学习内容的价值、适度重复、变换语气语调和语言节奏等方式，努力使传授的信息引起学生注意，并使学生保持注意。学生将他所注意到的知识信息做出何种的意义确认，取决于刺激情境以及学生的知识背景。同一个知识信息，在不同的刺激情境中呈现，学生对它的意义的知觉是不同的。教师要仔细思考知识的呈现方式，以促进学生对知识意义的正确知觉。

人的信息加工过程的第二个阶段是工作记忆，它和"思考"的过程类似。人知觉到新信息以后，利用从知识结构里提取出来的相应知识对它加以分析和表征，这样我们就学习了新知识。人的工作记忆有两个很重要的特征：一个是工作记忆对信息的持续时间长短可变，只有那些被知觉为重要的信息才能维持激活状态，并被有效编码和表征；另一个特征是工作记忆的容量有限，大约是"7 ± 2"个信息组块。这两个特征要求教师在教学中要做到以下几个方面：第一，对于核心知识，教师要有意识地强调，尤其要强调知识的意义和价值，以便促进它在工作记忆中的激活与编码；第二，合理调节教学节奏和教学信息量，避免工作记忆超负载；第三，帮助学生将个别知识进行连接以形成知识组块，并学会有效的程序性知识表征方式。总之，教师只有对工作记忆的局限性保持一定的敏感性，才能帮助学生优化自己的工作记忆能力，从而提高学生的学习效果。

人的信息加工过程的第三个阶段是长时记忆。知识被编码或编辑后储存于长时记忆中，长时记忆是人的知识的储存地。信息加工理论揭示了优化长时记忆的三个重要策略。

第一，主动学习与精细加工。主动学习与被动学习有很大区别。在主动学习的过程中，学习者有意识地调整自身的注意力、知觉和记忆活动，积极地对知识进行编码，探寻知识的意义，并对知识进行精细加工。精细加工，是指对所要学习的知识进行深度思维加工，包括补充、重组、回忆、概括、深思、推理以及理解材料的意义等。主动学习与精细加工是有效学习的重要机制。

第二，在有助于正迁移的情境中学习。学习的迁移是指一种学习对另一种学习的影响。例如，如果学习者遇到的问题与已经解决的问题类似，那么学习者就可能回忆起原先学习过的问题的解决策略，并将其运用到新的问题情境中，这就是之前学习对现有学习产生了积极影响或正迁移。实际上，这是学习者在长时记忆中提取相关知识，用以解决新问题的过程。依据不同的标准，迁移可以划分为不同类型。根据迁移的性质，可分为正迁移、负迁移、零度或不肯定迁移；根据迁移的方向，可分为顺向迁移和逆向迁移；根据迁移的内容，可分为一般迁移（原理和态度的迁移）、特殊迁移（具体知识和技能的迁移）。有效教学的一个重要条件是构建有助于正迁移的学习情境。在有助于正迁移的情境中学习，不仅能够提高学习者的学习效率，而且有助于学习者对学习内容的理解以及长时记忆的提取。

第三，构建元认知。元认知是对认知的认知，包括对自身学习的信息加工过程的了解，以及设定目标、自我调控、选择学习策略等心智操作。元认知作为一种程序性知识储存于长时记忆中。它是人的学习策略，对于提升人的学习效果具有重要意义。

（三）信息加工学习理论的教学法意义

信息加工学习理论将学习过程理解为信息识别、信息编码、信息储存、信息提取等过程，其教学法意义主要体现在以下几方面：

信息加工学习理论揭示了知识的类型及其表征方式，启示教师必须高度重视知识表征的类型。从认知学习理论的观点看，人们对不同的知识表征的方式是不同的。优秀的教师高度重视知识的表征类型，并由此选择和运用有效的教学方法。促使教师在教学过程中的某一环节改变教学方法的原因有很多，包括激发学生的学习动机，注意到学生原有的知识背景等，但在当今的认知心理学家看来，其中最主要的原因是教师关注他所要传授的知识表征的类型。

信息加工学习理论揭示了知识在头脑中编码和加工的基本阶段，启示教师必须有意识地激发并维持有意注意和选择性知觉。教师在教学中可通过变换刺激的方式（如强调、提示、停顿、变换节奏和语音语速等）来引起有意注意，消除朝向反射；教师在讲课的同时，要观察学生的注意和知觉状态，并根据实际状态采取相应的调节策略，切不可不顾学生的反应，自说自话地讲课。

信息加工学习理论揭示了人在学习中工作记忆的一系列规律，启示教师必须根据工作记忆的时效性和有限性原理，保持合理的教学节奏和保证教学信息量。教学节奏不能太快，也不能太慢，要以学生有效知觉和编码为基本尺度。教学要有一定的信息量，但也不能产生记忆超载，尤其要避免碎片化的、杂乱无序的信息刺激。教师要善于引导学生建立知识之间的联系，以形成知识组块，从而增加教学的有效信息量。

信息加工学习理论对教学的意义，表现在它提出了人在学习中优化长时记忆的一系列策略，这些策略对于教学本身具有重要启示作用。

首先，教师必须善于结合学生已有的知识背景组织教学，使新知识与学生已有的知识有效联系，从而促进学生形成知识结构。教师必须了解学生生活空间的区域或部分之间的关系，并确定存在于他的生活空间的边界内、边界上及边界外的各个因素的特性。此外，他必须估计学生生活空间的不同区域的边界的可渗透的程度。这种可渗透性指的是怎样使学生接受改变。教师应把教学集中在对现实的、具体的，或想象的极端水平上，以便学生能把教师的态度和思想看成他们各自生活空间的一部分或区域。这样的教学不仅有助于引起学生的积极知觉，而且有助于扩展学生的心理空间。

其次，教师必须为学生的精细加工创设环境，增强认知编码的有效性，促进学生有意义学习。意义学习包含了对新信息和存储在长时记忆中的信息之间关系的认识，体现为学习者把新信息与他们已有的知识相联系的认知过程。而形成有意义学习的主要形式是"精细加工"，包括组织和视觉表象，组织是指以一个有逻辑的结构整理新知识，视觉表象是指形成对事物或概念的心理图像。基于此，奥姆罗德提出了促进有效教学的若干策略：吸引和保持学生的注意力；把新概念和学生已有的知识和经验联系起来；顺应学生知识背景的多样性，提供给学生能建构的经验基础；鼓励有效的长时记忆存储；呈现可以鼓励精细加工的问题和任务；展示新概念是如何相互联系的，积极促进视觉表象；给学生思考的时间；提供给学生大量机会练习重要的知识；给予学生重建他们所学知识的建议；定期评估学生的学习和认识；确认和解决学生的误解；关注对意义学习而非机械学习的评估。这些策略涉及认知、记忆、提取、认知策略等方面，对有效提升教学质量具有重要意义。

再次，教师必须帮助学生形成知识图式。在认知加工理论看来，促进图式形成的方式主要有：为人的工作记忆提供支持；选择概念或范畴的适当样例；鼓励学生在形成范畴的图式时，自己找到或提出该范畴的正确样例，呈现图式的正反例证，选择匹配的反例。为了促进图式的形成，教师应该让学生考察在无关的特征方面不同的正例，以防止学生将某些无关的特征当作图式本身的组成部分。为了促进图式的改进，教师应该让学生在考察正例之后，紧接着考察反例或匹配的反例，以便通过正反例证的比较，进一步深化对图式关键特征或关键属性的了解。

最后，教师要善于促进学习迁移以及帮助学生发展认知策略和元认知策略。教师要根据学习迁移的原理，增强知识呈现的情境与学生社会生活中的实际情境的相似度，从而促进正迁移。教师要预期他们在课堂上教授的知识可能会在哪些情况下使用，然后运用这些知识来设计学习活动，提供预期会使用的相类似的情境。另外，教师还必须帮助学生发展认知策略和元认知策略。认知策略和元认知策略作为一种思维习惯，包括记忆策略、思维策略、批判性思维策略、精细加工策略等，它们对认知过程具有重要的激发和调节作用。

以记忆策略为例，教师应该帮助学生培养以下重要的记忆策略：①以理解促进记忆，当学习达到透彻领悟知识的程度，特别是达到概括性领悟或理解知识的程度，会变成人个性结构的一个持久的部分。②以强烈的学习愿望和学习心向来促进记忆。学生认为是否有理由记住某个原理，以及自己认同什么观点，很大程度上会影响记忆的品质。③以积极的学习方式促进记忆，"艾宾浩斯遗忘曲线"表明，及时复习、间隔复习对于促进记忆具有重要意义。除记忆策略外，教师在教学中还要有意识地帮助学生培养良好的思维策略、批判性思维策略以及精细加工策略等。

三、建构主义理论

建构主义认为，人的学习不是一个"刺激—反应联结"的过程，而是人在与环境的相互作用过程中主动的意义建构。

（一）学习在本质上是主动建构的过程和结果

人通过学习获得知识，形成思想，但知识并非只是对经验做简单的复制与拷贝，相反，它是将环境中的信息转变为与原有图式相吻合的知识而得以建构的。当代认知建构主义理论认为，学习过程是学习者原有的认知结构与从环境中接受的感觉信息相互作用，主动建构信息意义的过程。学习是学习者主动建构意义的过程，它一方面是对新信息意义的建构，同时也包含对原有经验的改造和重组。真正的学习不是被动地从环境中接受和记忆知识，而是学习者主动地建构知识。建构意味着学习者对信息意义的理解，意味着主动地把新知识与原有知识联系起来，意味着对原有知识结构的动态重构。因此，只有主动建构的知识，才能成为人的认知结构的有机部分。

皮亚杰和布鲁纳认为，"人之所以能够主动建构，是因为人具有与生俱来的认知机能和自我调节的能力"。人具有组织机能，它使我们自觉地将从环境中得到的信息组织成为更有结构的精致图式；人具有适应机能，它使我们不断地调整和修正自身的认知结构以保持同环境的适应性；人具有动作的、形象的和符号的多样化的表征系统，它使我们能够对环境信息进行有效的加工和编码；人具有自我调节的能力，它使我们具有认识和理解世界的内在动机以及实现对学习建构过程的自我调节。因此，从某种意义上说，教学的核心在于创设一种教育环境来激发和优化学生与生俱来的认知机能和自我调节的能力。

（二）建构过程的机制

人主动建构的过程具有复杂的机制，主要有同化和顺应、学习迁移、知识整合和情境适应等。

第一，同化和顺应。同化和顺应是建构的基本机制。同化，是指新知识与学生原有的知识结构和信念系统一致时，学生用自己原有的观念来理解新知识或新现象，把外部环境中的有关信息吸收并整合到原有的认知结构中的过程。同化有助于巩固和扩展学生原有的知识结构和信念系统。顺应，则是指新知识与学生原有的知识结构和信念系统不一致时，学生对自己的知识结构和信念系统进行重组或改组的过程。同化是认知结构"量"的扩充和巩固（图式扩充），而顺应则是认知结构"质"的改变（图式改变）。人通过同化与顺应这两种机制来建构认知结构，达到与周围环境的平衡，即当人能用现有图式去同化新信息时，他处于一种认知平衡的状态；当现有图式不能同化新信息时，认知平衡被破坏，修改或创造新图式（即顺应）的过程就是寻找新的平衡的过程。人的认知结构就是通过同化与顺应机制逐步建构起来的，并在"平衡—不平衡—新的平衡"的循环中得到丰富、提高和发展。

影响同化的重要因素是人的认知结构的特征。认知结构的特征是指学生学习新知识时，其原有认知结构中的相关观念在内容和组织方面的特征，包括可利用性、可辨别性和稳定性等。认知结构的可利用性是指学生的认知结构中所具有的能够用来同化新知识的现有知识的水平——现有知识的概括性水平越高，包容范围越广，越有助于同化新知识。认知结构的可辨别性是指学生原有知识的组织性及其对新旧知识间的异同的辨识性水平——原有知识的组织层次越明晰，组织方式越严密，越有助于对新旧知识的辨识和成为同化新知识的支点。认知结构的稳定性则是指学生用来同化新知识的原有知识的牢固程度——原有的认知结构越牢固，越有助于促进新知识的学习。

相对于同化而言，顺应往往是很困难的，因为它涉及改变和修正原有的观念系统。但顺应是学生知识结构"质"的变化的重要机制。著名教育家波斯纳在皮亚杰的同化理论和美国著名哲学家库恩范式理论的基础上，提出了顺应机制的四个条件：①学习者知识结构中的原有观念不能解释新事情或不能解决新问题时，学习者对原有的观念产生不满；②新观念是可理解的，学生明白新观念的含义，理解其意义并发现有效表征它的方式；③学习者认为新观念是合理的，是正确的和科学的，并能与学习者所认同的其他观念相一致；④新观念富有成效，不仅具有可理解性和合理性，而且能够解释和解决其他观念所不能解释和解决的现象与问题。

第二，学习迁移。学生在主动建构时的另一种重要建构机制是迁移。几乎各流派心理学家都对学习迁移做了大量研究，提出了一些重要观点。代表性的观点有以下几种：美国心理学家桑代克的"相同要素说"或美国心理学家伍德沃斯的"共同成分说"认为，原先的学习情境与新的情境具有相同要素或共同成分，原先的学习更可能在新的学习中产生迁移。或者说，当学习者面临的学习情境与原先的某个学习情境相同时，他更多地倾向于用原先学习的知识和学习策略来处理当前的学习情境。美国心理学家贾德的"概括说"认为，学习迁移的关键不在于学习情境的相似性，而在于学习者对原有知识经验有较好的概括，并通过概括获得了一般原理，概括性强的知识和原理更有可能迁移到新的学习中。美国教育心理学家布鲁纳和奥苏贝尔的"认知结构迁移说"则认为，迁移的关键条件是学生较好地掌握了学科的基本结构，领会了基本原理，而且原有知识结构具有较高的可利用性、可辨别性、稳定性与清晰性等特征。

第三，知识整合。人在同环境相互作用中主动建构的第三个机制是知识整合。建构主义理论强调学生在学习中主动地对学科内和跨学科的知识予以整合，强调理解原理和概念的方法，强调对自身知识性质的反思，强调解决问题和批判性思维所涉及的知识类型。拜尔提出十种批判性思维技能，并把它作为知识整合的必要"构件"，这些批判性思维技能是：①区分哪些是可证明的事实，哪些是价值主张；②区分相关信息与无关信息，区分各种主张及其原因；③确定某一论点的事实准确性；④确定某一信息来源的可靠性；⑤识别含糊不清的主张或观点；⑥识别未说出的假设；⑦察觉偏见；⑧识别逻辑上的谬误；⑨识别推理过程中逻辑上的不一致；⑩确定一种论点或主张的说服力。

第四，情境适应。人在同环境的相互作用中主动建构的第四个机制是情境适应。情境适应是知识的社会建构，即学生在社会情境中通过人际互动实现与群体的一致性。学生在一定情境的人际互动中，相互交流，相互理解，获得成为某一群体成员所需要的知识、观念、价值观、信念以及相应的行为方式。这个过程也是一种文化适应过程。促进情境适应或文化适应的主要教学方式有合作学习、小组讨论式学习等。

（三）建构主义学习理论对教学的意义

第一，建构主义学习理论对教学的意义，表现在它揭示了人的学习的建构本质，启示教师要积极创设能促进学生主动建构的课堂环境。环境指人生存于其中，人的行为与心理所涉及的、与之相互作用并对人的发展产生影响的外部世界。课堂环境是课堂物理因素、心理因素和文化因素的总和，是人的发展的现实根基与资源，也是促使学生主动建构的重要条件。杜威指出，"环境""生活环境"这些词，不仅表示与个人生活相关的周围事物，还表示这些事物与个人的主观趋向持续不断的特殊关联。一个人的活动随着事物的变化而变化，那么这些事物就是真环境。也就是说，学生的课堂环境是与他们持续相互作用，对他们产生影响的各种因素的总和。与客观的、现在的社会环境不同，课堂环境主要是教师的教学行为所创设并在教师的教学行为中显现的。课堂中教师与学生的关系、学生与学生的关系、教师对知识的态度、学生对学习的态度等，都是学生最真实的课堂环境。不同的课堂环境对学生有完全不同的影响。环境包括促成或阻碍、刺激或抑制生物的特有活动的种种条件。在这个意义上，教学就是有意识地创设一种课堂环境，以促使学生主动建构。教育就是这种有意识地选择、设计、组织、控制传递人类经验的特殊环境，是一种有指导的旨在促进人的发展的特殊活动。意图明确的教育环境是经过专门选择的，这种环境使用的材料和方法，所带来的成长都会朝着令人满意的方面发展。在建构主义看来，创设有助于学生主动学习和主动建构的课堂环境，是全部教学活动的根本，也是全部教学方法的根本。

第二，建构主义学习理论对教学的意义，表现在它揭示了建构在本质上是学生的心智活动和情感活动的过程，启示教师要深入组织以促进学生建构为指向的课堂活动。课堂活动包括师生间的活动、学生间的活动、学生内部的心智活动和情感活动等。课堂活动的对象是知识体系和价值与信念体系。课堂活动的过程就是学生主动建构的过程。人的活动是社会及其全部价值存在与发展的本原，是人的生命以及人作为个体的发展与形成的源泉。教育学离开了活动就无法更好地完成教育、教学、发展的任务。皮亚杰指出，在教育活动中，学生具有他自己的真实的活动，如果不真正利用这种活动并扩展它，教育就不能成功。杜威也指出，所谓有效学习是指知识的获得是进行有目的的活动的结果，而不是应付学校功课的结果。讲得更具体一点就是，游戏和工作完全是与第一阶段的知识的特征相对应的。课堂活动之所以重要，是因为正是在活动中通过感知、注意、理解、想象、思维、认同和反思等思维操作，学生才能主动地产生同化或顺应，从而建构自己的知识结构、价值信念和生活方式，形成自己的生活空间。所以，针对大学生的课堂活动必须符合大学生的特点。

第三，建构主义学习理论对教学的意义，表现在它揭示了学习动机和心向是学生主动建构的重要前提，启示教师要增强学生学习动机，激发学生学习心向。教师应根据大学生的注意和知觉的特点，着重通过以下方式来增强学生的学习动机和学习心向：强调教学内容的重要价值并努力使学生理解其价值，以激发学生的学习心理；使教学任务具有适度的挑战性，努力让学生体验到完成具有适度挑战性的学习任务时获得的成功感；使学生领悟和理解教师所提出的课程目标并转化为自己的目标。如果学生深刻地认识到学科内容在完成某种经验中所处的地位，他的学习目的就会达到。反之，如果学习内容没有被用来引发学习冲动和养成通过思考获得有意义的结果的习惯，那么这种学科内容就只不过是专供学习的材料而已，学生只会认为它是必须学习的材料。布鲁纳十分强调学习的内在动机，并指出了激发内在动机的重要源泉：①从加快了的认识和理解中获得的满足；②发挥个人的全部心理能力的迫切要求；③正在发展的兴趣；④从个人和其他人的一致中获得的满足；⑤从个人在认知或智力方面的优势中得到的愉快；⑥对个人能力和成就的感觉；⑦相互联系的发展，包括人类对其他人的反应，以及同他们为达到某个目标而共同操作的迫切需要。

第四，建构主义学习理论对教学的意义，表现在它提出了一系列促进认知顺应的教学策略。除美国心理学家波斯纳提出的顺应机制的四个条件以外，美国著名学者纳斯鲍姆和诺维克提出了促进认知顺应的三步教学策略：①通过谈话、提问、作业等方式，揭示学生原有的教学观念；②通过呈现新材料、讨论、对话等方式，引进与前教学观念相冲突的新观念，引发学生的认知冲突；③鼓励学生对新观念进行评论，激发学生对原有知识结构进行重组，产生认知顺应并形成对有关问题的新的观念图式。这些促进认知顺应的条件和教学策略，对思想政治教育教学具有特殊的重要性。

第五，建构主义学习理论对教学的意义，表现在它提出了一系列促进有意义学习的教学策略，启示教师要努力避免机械学习，促进有意义学习。奥苏贝尔认为，机械学习是指对人为的和字面的联系的获得过程，表现在三种情境中：①学习材料本身无逻辑意义；②学习者认知结构中缺乏同化新观念的相关知识；③学习者缺乏有意义的学习心向。有意义学习则是指符号表达的新观点与学习者认知结构中的有关观念建立实质性的和非人为性的联系的过程，表现在下述三种情形中：①学习的材料是有逻辑意义的；②学习者认知结构中具有同化新观念的相应知识，这种有逻辑意义的学习材料对该学习者构成有潜在意的材料；③学习者具有有意义的学习心向。教师要帮助学生避免机械学习，促进有意义学习，必须在教学中注重内容的逻辑性，善于结合学生的知识背景开展教学，同时激发学生的学习心向。综合奥苏贝尔和布鲁纳等心理学家的观点，促进有意义学习的教学策略主要有以下几个方面。

一是充分考虑学生认知结构变量，设计"先行组织者"。所谓"先行组织者"，是指学生在学习新知识之前，教师根据学生原有认知结构变量的水平所选取和呈现给学生的一种引导性的学习材料。设计先行组织者的目的是帮助学生明晰新知识与学生认知结构中原有知识的联系，为新知识的学习构建必要的桥梁。如果学生认知结构中缺乏可用来同化新知识的适当上位观念，则可设计一个或一组陈述性先行组织者，为学生认知结构嵌入一个适当的上位观念，从而增强认知结构的可利用性，促进新知识的同化。如果学生认知结构的可辨识性和稳定性不高，则可设计一个或一组比较性先行组织者，增强学生对新旧知识的辨识，巩固原有知识，以促进新知识的学习。

二是增强学生对基本知识的理解。奥苏贝尔认为，学生的认知结构是从教材的知识结构转化而来的，学科知识在人的头脑中以"不断分化"和"综合贯通"的认知组织倾向和组织原则形成一个有层次的结构。其中，最具有概括性和包容性的知识和观念居于这个层次结构的顶点，概括性和包容性越小的、分化程度越高的知识点，越居于这个层次结构的底部。因此，对概括性、包容性和解释性较强的基本概念、基本原理、基本方法的领会，有助于学生牢固掌握具体知识，有助于学生形成良好的认知结构，有助于促进知识的积极迁移。有鲁纳也强调，越是基本性和基础性的知识，越有助于学生形成认知结构。

三是改进教材的呈现方式。教材的呈现，在纵向上应遵循从一般到具体、由具体到一般，以及从整体到部分、从部分到整体的原则，在知识的讲解上要突出"分化—综合—再分化—再综合"的往复，以帮助学生理解并形成有效的认知策略；在横向上应遵循融会贯通的原则，加强学科内概念、原理以及各个部分知识产生认知顺应并形成对有关问题的新的观念图式。这些促进认知顺应的条件和教学策略，对思想政治教育教学具有特殊的重要性。

第二节　高校思想政治教育的教学理念及方法

一、高校思想政治教育的教学理念

教学理念是教学理论向教学实践转化的重要环节，是教学实践特别是教学方法论的思想指导。在教学方法探索中，广大教师应进一步提升教学理念，形成教育性教学、主体性教学、发展性教学和整体性教学等高度认同的教学理念体系。

（一）教育性教学理念

教育性教学理念是德国教育家赫尔巴特明确提出并比较系统地加以阐释的一种教学理念。赫尔巴特不满于知识教学与道德教育相分离的现实，明确提出"教育性教学"理念。在赫尔巴特看来，这个理念包括三层含义：首先，教育离不开教学。培养人的道德、价值观和信仰的教育都必须依靠教学，教学是教育的必要前提和基础。其次，教学不能疏离教育。知识是人的德性的基础，但不是德性本身；传授知识不是教育的目的，培养有德性的人才是目的。如果说离开教学空谈教育，教育就成为失去了手段的目的，离开了教育，教学则是失去了目的的手段。没有无教学的教育，也没有无教育的教学。最后，教学的终极意义是教育，教育的最高目的是道德。一切教育、教学，都应该指向人的精神世界，指向人的德性、价值观和信念。为了实现这个最终目的，教学必须为自己设立一个近期的、较为直接的目的，这就是多方面的兴趣。

教育性教学是思想政治教学最基本的教学理念，其含义包含两个相辅相成的方面：一方面是教学首先要传授系统的知识，理想和信念的培养不能离开马克思主义理论的滋养，高远的目标追求不能离开知识教学，丝毫不能轻视基本知识和基本原理的教学；另一方面是思想政治教学不是单纯的知识传授，不能为知识而知识，更不能陷入碎片化知识和逸闻野史而不自知。教学始终要指向教育，思想政治教学始终要明确，知识教学的目标是培养人的思想政治素养，帮助学生形成正确的世界观、人生观和价值观，培养学生对马克思主义和中国特色社会主义的积极情感，以及运用马克思主义立场、观点和方法来分析问题和解决问题的能力。离开了教育的教学理念，必然会背离思想政治教学的根本属性。

（二）主体性教学理念

主体性教学理念源远流长，在古代中国和古代希腊，就形成了丰富的主体性教学思想。特别是20世纪以来，随着哲学和心理学以及教育理论的发展，尊重、激发和弘扬人的主体性日益成为教学的基本理念。主体性教学理念的核心是：学生是教学过程的主体；学生的积极心向和主动建构是有效学习的先决条件；学生主体的主体性状况是教师主导性水平的衡量依据，也是影响甚至决定教学成效的关键因素。

主体性教学理念已经成为思想政治教师普遍认识并践行的教学理念。在教学实践中，广大教师注重激发学生的学习兴趣和内在动力，充分尊重和关爱学生，努力创设和谐、民主的课堂环境，鼓励和组织学生参与各种教学活动，如讨论、辩论、演讲、自学、小组研讨、读书会、社会实践等，运用各种方法激发学生学习马克思主义理论的积极性和自主性，使学生的学习主体性达到了新的高度。

（三）发展性教学理念

发展性教学理念的核心思想有：教学既要努力促进学生的知识结构和认识能力的发展，更要促进学生其他方面的发展，包括知识结构、认知能力、情感水平、思想素养、态度和价值观等因素在内的均衡发展；教学要激发学生学习的内在动机，努力使学生理解学习的过程和意义，掌握学习方法和认知策略，提高自我学习的愿望和能力；教学要使所有学生都得到发展。发展性教学理念与教育性教学理念既有联系也有区别，教育性教学理念侧重知识教学与道德教育之间的关系，而发展性教学理念则侧重学习过程与人的一般发展的关系。

发展性教学理念已成为思想政治教师普遍认识并实践的一种教学理念。在教学实践中，广大教师充分运用各种教学素材和教学方法，激发学生的学习动力，重视学生的学习过程，自觉把认知发展和情感发展、思想发展、道德发展、人格发展等统一起来，既注重马克思主义理论知识的教学，又注重培养学生分析问题和解决问题的能力，帮助学生解答成长过程中遇到的困惑，同时注重提升学生的综合素养和境界。因此，思想政治教学已成为滋养学生健康成长的精神食粮。

二、高校思想政治教育的教学方法

如果说教学模式是高校必须思考的问题，那么，教学理念和教学方法则应是教师必须理解的问题。教学最终体现在教师的课堂教学行为和具体的教学方法上。因此，教师应掌握课堂教学最主要的教学方法及其基本规范。

（一）讲授法及其基本规范

讲授法是一种直接教学，是教师通过口头语言行为向学生系统传授知识，并促进学生情感和思想品德发展的教学方法。讲授法，即教师直接将信息传递给学生，并有效地分配课堂时间，以尽可能高效地实现一系列明确界定的目标。直接教学尤其适用于教授那些学生必须掌握的、定义明确的信息或技能。讲授法是思想政治教学中最主要的教学方法，几乎任何一种教学模式和教学方法都包含讲授法。由于讲授法的特殊重要性，许多教学理论家都明确提出了运用讲授法的一系列教学策略和规范。我们还可以从前述的各种教学理论中吸取讲授法的一般教学策略。

第一，讲授法的主要形式。讲授法有讲读、讲述、讲解、讲评等不同形式。讲读是讲和读的结合；讲述是介绍学习材料、叙述事物变化发展的过程等；讲解是对概念、原理、规律进行分析、解释或论证等；讲评主要是对理论和原理以及学生的学习过程和结果进行评价。讲读、讲述、讲解和讲评的区分是相对的，实际上它们之间也相互联系。

第二，讲授法的一般步骤。综合赫尔巴特的"四步教学法"、杜威的"五步教学法"以及相关教学过程理论，运用讲授法一般要遵循以下步骤：①组织教学，简明地阐述学习目标，集中学生的注意力，激发其学习心向；②简明扼要地回顾和复习先前学习的相关知识，激活学生的相关背景知识，提出新的学习内容，可以运用前后知识衔接、创设疑难情境、运用案例典故等方式引入新课；③讲解新知识，根据学生学习的状态调整教学节奏；④围绕教学内容简要讨论，并回答学生提出的问题；⑤课时教学小结，提出需要思考的问题或将要学习的内容。

第三，讲授法的内容要求。讲授法最重要的要求是对讲授内容本身的要求。讲授内容和内容的呈现要有条理性，切忌缺乏关联性和逻辑性，切忌杂乱无章；要突出基本性和基础性，分清哪些是"主食"，哪些是"辅料"，"辅料"要为"主食"服务，不能"辅料"太多而"主食"简单带过；要突出导向性，案例和例证要为讲授服务，切忌"跑偏"；案例和例证要富于典型性、教育性和启发性，还要注重讲授内容的整体性，善于将知识从横向到纵向贯通起来，避免讲授内容的孤立化和碎片化。

第四，讲授法的策略要求。有效运用讲授法，需要认真研究和思考如何讲授这一问题。许多教师认为，自己讲了十几年甚至几十年的课，讲授已经不成问题了。其实，讲授法需要有效的策略，是否善于运用有效策略是影响讲授效果的重要因素。比如，要根据教学内容的主次、难易、顺序和系统而采取精讲、细讲、先讲、后讲、重讲、串讲、略讲或不讲。重点内容精讲，难点内容细讲，破题内容先讲，结论内容后讲，系统内容经常串讲，次要内容略讲，易懂内容不讲。讲课时应留有余地，耐人寻味，要启发学生积极思维。"导而弗牵""开而弗达"，学生思维随着教师的讲课而紧张活动，兴趣盎然，注意集中，情绪活跃，学习主动积极，卓有成效。再如，强化所学知识与学生原有知识的联系、课程内部知识与其他课程知识的联系；由抽象引入到具体例证和分析，再到总结，或由具体例证引入到分析概括，再到总结；适当运用视觉辅助；有条理地呈现材料，控制单位时间内的合理信息容量等，都是讲授法的重要策略。

第五，讲授法的言语行为和非言语行为艺术。口头语言行为是讲授法的核心要素。语言要清晰流畅、准确精练、条理清楚，讲授的音量和速度要适度，抑扬顿挫，要根据学生的专注程度有意识地调节。教师要辅之以眼神、手势、姿态和面部表情，提高语言的感染力，要认知自身可能存在的下意识动作，如搔头摸耳、眼睛望窗外或天花板、摆弄粉笔，以及口头禅和无意义重复等，并努力克服。讲授过程中，教师要关注学生的反应，避免语速过快（或过慢）、音量过大（或过小），以及平淡拖沓、心不在焉。在非言语行为方面，关键是要使学生感受到教师对知识和真理的热爱、对教学的热爱以及对学生的热爱。这就要求教师在讲授时，心中有学生，要注重教态和仪表，饱含教学热情。

第六，讲授法的板书要求。板书是讲授法的重要辅助手段，板书的基本要求有：要结合教学内容进行设计，通常有逻辑要点式、结构图形式和图表演示式三种形式；既要系统完整，又要简明扼要；要正确规范、书写美观。

（二）问答法及其基本规范

问答法是通过师生问答、对话等形式展开学习和探究的一种教学方法，一般与讲授法同时运用，也可独立运用。问答法有助于通过师生互动来激发学生思维，培养其独立思考能力和言语交往能力，是思想政治教学广泛运用的方法。

第一，了解问答法的目的。运用问答法，主要是为了深化学生对问题的思考和探究，同时也为了评估学生对所学内容的掌握情况。一般不宜将问答法作为课堂管理的一种手段。比如，用比较深奥的问题提问不专心听课的学生，或用提问的方式检查学生课堂出勤的情况等。问答法强调师生双方围绕一个问题层层深入地探究，其目标指向是学生对问题的理解而不是管理学生。同时，要让学生知觉和体验到教师运用问答法的真诚性，否则，问答法就会失去其作为教学方法的意义。

第二，运用问答法的一般流程。一是设计问答计划，问题要明确且具有挑战性。二是开展问答教学。教师要善于提问题，设计从一个问题过渡到另一个问题的策略，通过提问、设问、追问、反问等方式激活和深化学生的思考；注重启发诱导学生思考，揭示问题的关键和本质所在，提示分析问题的可能视角。三是问答总结。要概括问题的实质，梳理回答问题的视角，归纳和分析对问题的各种观点，启发学生进一步思考的路径。

第三，避免两种倾向。一种倾向是教师居高临下，对学生不愿意或回答不上来的情况一味责备，不能容忍学生错误的回答，也不能容忍学生同教师有不同的意见等；另一种倾向是把问答法形式主义化，片面理解和追求课堂活跃度、学生参与度等，用简单低级的问题，机械地进行一问一答，浮于表面的"热闹"或"表演"，师生间没有深度对话和交流。真正意义上的教学互动、学生专注和参与，不是表面的"热闹"，而是理智和情感的代入以及思索的主动与热烈。

（三）讨论教学法及其基本规范

讨论教学法是高校思想政治教学的常用方法。讨论教学法是在教师的主导下，充分发挥学生的主体性，旨在深化学生对知识的理解，增强学生对问题的辨识，加深学生对情境或理论意义的体验，拓展学生的知识视野，提高学生分析问题和解决问题的能力而采用的一种教学方法。

第一，讨论教学法的主要形式。讨论教学法主要有主题讨论、案例讨论、课题研究讨论、读书会讨论、辩论讨论、嘉宾参与讨论等多种形式。主题讨论和案例讨论是指教师组织学生围绕一个教学主题或案例，以分组或个别发言等不同方式，运用说理与论证、列举与归纳、比较与辨析、反驳与批判、概括与总结等思维操作，对教学主题或案例进行深度阐述的教学方法。课题研究讨论是指教师组织学生开展课题研究（或一组学生共同完成一个课题，或多组学生分别完成一个课题，或一名学生独立完成一个课题），学生在课堂上交流和讨论课题研究的过程、结论和感悟的教学方法。读书会讨论是指教师组织学生开展课外阅读（或全体学生阅读指定文献，或分组阅读不同的文献），学生在课堂上交流和讨论阅读感悟的教学方法。辩论讨论是指教师组织学生以辩论的方式，对两个对立的观点或立场进行辩护或批驳，从而深化学生对知识的理解的教学方法。嘉宾参与讨论是指教师组织学生模拟嘉宾或真实邀请嘉宾，围绕某个主题以嘉宾叙述或嘉宾与学生对话等方式开展教学的一种教学方法。在实际运用中，上述讨论形式往往是相互交叉的。

第二，讨论教学法的一般步骤。不同的讨论形式有不同的操作步骤，讨论教学法的一般步骤有：讨论主题的选择；讨论活动的准备，包括确定中心发言人选、学生准备发言内容、讨论条件准备等；讨论过程的展开与引导；讨论总结与讲评。

第三，讨论主题的选择。讨论教学法的关键之一是讨论主题的选择。讨论主题要根据教学目标和学生实际，有计划地精心设计，一般由课程教学组集体设计。讨论主题一般选择重大理论问题或重大现实问题，既不能过于宽泛，也不能过于具体；既要有思想性和教育性，又要有可讨论性；既不能过于专业化，又要有适度的理论性。讨论主题要具有较大的讨论空间，能够激发学生进行多维度的思考和探究。讨论前，教师要向学生讲明讨论主题和讨论要求，要指导学生围绕讨论主题确立思路、收集资料、创造条件，要检查学生围绕主题准备相关资料的进展情况。

第四，讨论过程的引导和总结。讨论教学法的另一个关键是过程引导。在讨论过程中，教师既要鼓励学生大胆发言，充分交流，又要引导学生聚焦主题，切忌跑题。教师要善于激励学生广泛参与，可适当提示讨论角度的变换或延伸等，引导学生围绕主题进行深入的互动探究和意义构建。对于讨论过程中的非预期事件，教师要准确判断并有效引导学生解决问题。在讨论临近结束时，教师要进行总结讲评，讲评应充分肯定学生，并提出进一步思考的建议。在讨论总结时，教师尤其要处理好肯定学生主动思考的价值与有理由质疑学生观点之间的关系，因为从心理学角度来说，一种虚心的、公开的气氛，对于激发学生自觉学习是必要的。但是，教师承认每个学生和所有学生思考的基本价值，不等于他承认学生提出来的每个意见和所有意见在理智上的正确性。这需要一种教学艺术，使教师能对课堂上出现的某一主张提出疑问，而不是对提出这个主张的人提出疑问。通俗地说，就是既要对学生阐述的不合理的观点进行引导，又要肯定学生积极思考的价值，努力使学生通过讨论来体验思考和探究的意义。

第五，在讨论教学法中，教师要明确定位。要处理好学生主体作用和教师主导作用的关系，处理好平等交流与思想引领的关系，处理好重点发言与普遍参与的关系。总之，要立足教学目标、课程内容和学生实际，精心组织，加强管理，使讨论教学法达到最优效果。

（四）学生主导型教学法及其基本规范

随着主体性教学理念的普及，学生主导型教学法被不断运用于思想政治理论教学中。学生主导型教学法主要有合作学习、同伴教学以及自主学习和发现学习等。

第一，学生主导型教学法的主要特点。其特点是强调学生学习的自主性、参与性和合作性。合作学习中的小组学习或课题研究学习，突出小组成员的互相合作；自主学习把课程计划中的部分内容交由学生独立完成；同伴教学重视互教互学；发现学习强调学生独立或合作的探究与发现过程，这些方法都强调学生的自主性、参与性和合作性。发现学习的倡导者布鲁纳曾说："我们讲授某门课程不是为了生产记载该学科知识的活的文库，而是要让学生自己去思考……像历史学家那样去考虑问题，去参与获得知识的过程。理解是一个过程，而不是一个结果。"在这里，教师把学习的自主权交给学生，包括学习目标的设定、学习内容的选择、学习步骤的安排甚至是学习效果的评定等，都交由学生完成，学生真正成为学习的主体。

第二，学生主导型教学法中教师的主要任务。在学生主导型教学法中，教师的主要任务是为学生"搭脚手架"。所谓"搭脚手架"，就是为学生的自主学习创造必要的环境和条件，如使学生保持完成任务的动力，帮助学生制订自主探究的任务和计划，设计学生感兴趣且有挑战性和教育意义的讨论主题，创造有利于辩论和建设性评价的课堂氛围，通过提问促进学生有效思考，给学生提示目标和有效思路，经常给予学习的反馈建议，为学生提供帮助，尽可能使其高水平地完成任务以提高自我效能感等。此外，教师还要创设一种智力探究的愉悦环境，让学生体验到理智活动的乐趣。

第三，学生主导型教学法中教师的作用。在学生主导型教学法中，教师由讲授者和组织者转变为指导者和建议者，这只是任务和角色的转变，并不意味着对教师作用和地位的否定。事实上，在学生主导型教学法中，教师"搭脚手架"的工作对于教学效果尤其重要。学生学习动力与信心的激发和保持，学生自我效能感的培养，以及学生自主学习的环境和氛围的营造等，是学生主导型教学法能否取得成效的关键因素。"脚手架"搭得好不好，指导和建议的质量及水平，不仅影响理论知识的学习，而且影响学生对理智本身和对生活的态度。

第三节　高校思想政治教育教学方法的改革创新

近年来，高校思想政治教学方法的改革研究受到前所未有的重视，一大批专项研究项目深入开展，形成了一系列研究成果。同时，广大教师扎实地开展课堂教学方法创新，探索形成了诸多具有推广价值的教学模式和教学方法。但我们应该看到，思想政治教学效果与党和国家的要求、学生的期待相比，还存在较大的距离。学生的专注度和参与度还不高，教学方式方法改革创新尚需要进一步加强。

一、高校思想政治教育教学方法改革创新的着力点

思想政治教育教学方法改革是一个系统工程。我们认为，必须重点抓好以下三个着力点。

（一）理论与实践相结合

理论与实践相结合，是思想政治教育教学焕发活力的关键所在，也是教学方法改革创新的重要着力点。这不仅是因为马克思主义理论根植于生活实践，脱离了生活实践的理论教学难以展示它内在的魅力；更因为我们对现实生活的认知迫切需要理论的滋养，没有科学理论的滋养，我们难以对生活产生热情。因此，理论的讲授要联系现实生活，理解现实则要回望理论。将理论与实践结合起来，既是增强理论自身魅力的必由之路，也是点亮生

活智慧的必由之路，还是思想政治教育教学方法改革创新的重要着力点。

第一，理论教学要密切联系现实生活，理论教学要联系近代以来中国特色社会主义建设的恢宏历史，要联系改革开放以来中国特色社会主义事业的伟大历程和光辉成就，还要联系中国特色社会主义建设的历史性特征和宏伟蓝图。马克思主义理论的魅力既体现为理论本身的逻辑力量，又体现为它对实践生活的巨大指导作用。离开了历史和现实生活的生动素材，理论教学就难以具有亲和力。

第二，理论教学还要联系当代大学生的思想现实和理想抱负。学生不是单纯接受知识的容器，他们具有丰富而复杂的思想和情感，他们渴望认识历史、认识社会、理解人生。学生头脑中已有的思想和情感既是他们认识和理解外部世界的支点，也是思想政治教学的起点。只有密切联系学生实际，思想政治教学才能讲到学生心坎上，才能引起其强烈的共鸣和认同，理论知识才能真正内化为他们观察生活和理解人生的科学支点。

第三，理论教学联系现实生活和学生实际，并不意味着忽视理论在教学中的重要性。恰恰相反，联系实际是为了更好地展现理论本身的魅力，更好地彰显出理论的力量，从而更好地使理论成为照亮大学生人生道路的灯塔。强调理论联系实际，并把它作为教学方法改革创新的着力点，必须坚决反对简单罗列事实或列举故事的做法。在教学中，援引现实案例、列举生活事实，目的不在于这些案例和事实本身，也不在于通过这些案例和事实使教学更加生动有趣，而在于帮助学生认识理论的逻辑及其内在力量，促进学生将理论内化为他们精神世界的元素。

（二）传授知识与培养情怀相结合

传授知识与培养情怀相结合，是教学的教育性原则对一切课程教学的共同要求，也是对思想政治教学的要求。自然科学的教学在传授科学知识的同时，还要培养学生认识自然的方法论和科学精神，使学生理解自然的魅力；人文社会科学的教学在传授人文知识的同时，还要注重培养学生认识历史和人生的方法论以及人文精神，理解人类和人类历史的魅力。思想政治理论教学更要将两者紧密结合。

第一，正确把握教学过程中掌握知识与提升素养的关系，树立传授知识与培养情怀相结合的教学理念。在传授知识的过程中，教师要引导学生积极思考，并由此培养学生的思想情怀。要努力使学生把获得知识当作一种手段，使知识作用于学生的脑力劳动、集体生活，使知识贯穿于生动和连续不断的精神财富交换过程，没有这一过程，智力、道德、情感和美感是很难发展的。在学生的脑力劳动中占首位的，不是熟背、死记别人的思想，而是学生自己进行思考，这种思考是一种生机勃勃的创造。要认真研究如何充分发掘知识的方法论意义和作为人生智慧的生活价值，突出马克思主义理论的价值追求，以及凝结在理论和知识之中的中国共产党人的智慧和情怀，并围绕这种意义和价值、智慧和情怀来组织教学内容，以"红线"贯穿整个教学过程。

第二，加强对培养情怀的教学方法论和具体教学方法的探索和研究，推进将传授知识与培养情怀相结合的教学理念转化为操作性强的教学方法。要认识大学生思想素养形成的一般规律，探寻思想政治教学培养人的思想素养的发力点，认真研究如何在各种教学模式尤其是"中班教学＋小班讨论""知识—方法—境界"和"知识—情感—信念"三位一体的教学模式中强化思想素养的培养，研究如何改革讲授法等教学方法，才能更好地把传授知识与培养情怀统一起来。

第三，要研究传授知识与培养情怀相结合的操作方案。比如，思想政治理论教学从什么角度来培养学生的素养和情怀，它与学校思想政治工作的角度有何区别和联系；知识与情怀之间是什么关系，知识如何转变为情怀；大学生思想情怀有什么特点和规律。这些是教学方法改革创新必须回答的问题。

（三）传统教学方法与现代教学方法相结合

科学合理地运用现代教学方法，充分发挥传统教学方法的优势，将两者有机结合，是思想政治教学方法改革创新的又一个着力点。

第一，科学合理地运用现代教学方法，这是信息化和网络时代网络终端普及化背景的必然要求。网络世界具有信息海量、即时快捷、交互便利等特点，它使课堂阵地和书本载体受到前所未有的挑战。科学合理地运用现代技术手段，推进信息技术与思想政治教学的深度融合，建构大学生喜闻乐见的教学平台、教学模式和教学方法体系，是摆在广大思想政治教师面前的紧迫任务。

第二，充分发挥传统教学方法的优势，也是教学方法改革的基本路向。现代教学方法如慕课、翻转课堂、学生主导型教学等，充分运用网络技术，使知识信息载体多样化和知识传授形式生动化，具有其独特的优势。但任何一种方法都有其局限性，载体多样化和形式生动化也可能产生知识碎片化和表层化，以及学习过程娱乐化和形式化等弊端。有的教师熟悉多媒体技术，比较重视课件，但课件内容过于花哨，学生还没有来得及看清楚，课件就被教师翻走了。还有的教师完全依赖课件，离开了课件就无法上课。形式服务于内容，在内容与形式之间找好平衡点，就会收到良好的效果。因此，教师在运用现代教学方法的同时，也必须自觉认识并克服可能存在的弊端，发挥出传统教学方法的优势。要充分吸收现代教学理论和学习理论等专门知识的营养，使传统教学方法焕发更大活力。

第三，要研究传统教学方法和现代教学方法相结合的操作方案。例如，"人—机"系统的优势与局限是什么，哪些知识适合放置在网络，以什么顺序和结构放置；建构思想政治慕课体系和"微课程"教学的程序教学教材，应该遵循哪些基本原则，哪些知识必须在课堂精讲，慕课和翻转课堂中教师如何发挥主导性。这些也是思想政治教育教学方法改革创新需要回答的重要问题。

二、高校思想政治教育教学方法改革应注意的问题

教师在抓好教学方法改革创新的着力点的同时，在思想方法上要正确认识教学方法与

教学理论、教学方法改革与全面教学能力提升之间的关系，讲求实效，反对形式主义。

（一）正确认识教学方法与教学理论的关系

第一，教师要自觉提升教学理论素养，在教学理论的指导下改革教学方法。教学方法是教学理论的实践表现，教学理论是教学方法的深层基础，没有教学理论的支撑，教学方法改革必然是盲目的。杜威深刻地指出："教学方法是一种艺术的方法。"这种艺术的方法从哪里来呢？一般方法的原理可以指导个人方法的改进。所谓"一般方法的原理"，就是指教育教学理论。赫尔巴特曾指出："方式在任何地方都不受欢迎，但它在任何地方都存在。"之所以不受欢迎，是因为它容易陷入僵化和流于形式。因此，要深入、认真地学习关于教育教学的基本理论，而不是复制或拷贝他人的教学方案和模式。学习借鉴一种教学方案和模式，不仅要知道"是什么"，更要理解"为什么"。

第二，缺乏教学理论滋养的"方法改革"，往往会陷入机械主义或形式主义的误区。比如，当提倡重视学生主体性的时候，有的教师片面地把它同教师主导性对立起来，在实践中表现为否定讲授法的地位，片面地把讲授法等同于"满堂灌"。正如一些学者指出的，在教育教学改革过程中，传统的讲授教学法被认为是单纯的知识灌输而被"打入冷宫"，它的缺点被无限放大，造成了课堂讲授时间不足，讲授深度不够等局面。更有一些高校明确限定教师课堂讲授时间，过分强调对视频、音频、图片等媒介的运用时间的保证。再如，在强调教学要激发学生学习兴趣的时候，有的教师不去深入研究大学生学习兴趣的本质和特点及其形成和发展的规律，而是简单地认为激发兴趣就是要"搞笑"；有的教师为了吸引学生的关注，增强学生的学习兴趣，往往在课件中加入不必要的信息，包括与课程内容无关的趣味图片、漫画或动画，在幻灯片放映时配上搞笑的声音或背景音乐。又如，当高校强调要广泛运用多媒体等现代技术手段时，有的教师不是仔细钻研如何运用现代教学手段，而是形式化地把现代教学方法理解为大量运用图文并茂的课件或者生动有趣的音频和视频，似乎课件制作得越好，音频和视频资料运用得越多，教学方法就越现代化，课就上得越好。这些现象都说明加强教育教学理论知识学习具有重要意义。

（二）正确认识改进教学方法与全面提升教学能力的关系

第一，全面提升教学能力是切实改进教学方法的必要条件。要切实改进教学方法，就必须全面提升教学能力。在某种意义上，对思想政治课程属性和教学属性的理解不深刻，对思想政治教学目标和教学过程的科学认识不全面，就不可能真正改进教学方法。杜威精辟地指出："如果教师运用这些方法而置自己的常识于不顾，对自己必须要应对的情境也不了解，那么他用这些方法比不用还要糟糕。但是，如果他把获得的这些方法作为思考的工具，这些方法在他获取独特经验的过程中抓住了各种需要，充分运用了各种资源，克服了面临的重重困难，那么这些方法就发挥了建设性的价值。"在杜威看来，孤立地讲方法，而不理解方法运用的情景和各种条件，这是再糟糕不过的事情了。这表明，没有全面提升教学能力，再好的方法也不可能被科学合理地加以运用。换言之，全面提升教学能力是切实改进和有效运用教学方法的必要条件。

第二，只有全面提升教学能力，才能真正懂得教学方法的真谛。季羡林先生在谈到他的老师朱光潜先生的教学特点时说："朱先生不是那种口若悬河的人，他的口才并不好，讲一口带安徽味的蓝青官话，听起来并不美。看来他并不是一个演说家，讲课从来不看学生，眼睛向上翻，看的好像是天花板或者窗户的某一块地方。然而他却没有废话，每一句话都讲得清清楚楚。"可见，朱光潜先生并不善于演说，也没有花样翻新的"方法"，但他的教学却给季羡林先生留下了深刻而难忘的印象。朱光潜先生的讲课"没有废话，每一句都讲得清清楚楚"，这就是全面教学能力，这种能力对教学来说是比孤立的方法更为核心和重要的因素。

（三）务求实效，反对形式主义

第一，教学方法改革创新，包括形式上的创新。夸美纽斯在 17 世纪时就强调教学方法的极端重要性，他说："教得好就是使别人能学得快捷、愉快和彻底。"快捷是指不间断地努力学习，没有任何时间浪费；愉快是指在任何一门功课的全部教学过程中，学生不应对他已经完成的功课感到厌倦，而是对尚待完成的功课产生渴望；彻底是指对于他所学习的东西，他应当学得完全、正确。由此可知，凡是缓慢地、令人厌倦地、不完全地传授知识的人就是拙于教学的人。"快捷、愉快和彻底"既是对理想的教学状态的描述，也是对教学方法的期待。夸美纽斯撰写著名的《大教学论》的目的就是要系统地建构和论证有效的教学方法。由此可见，推进教学方法改革创新是十分重要的。

第二，方法的创新归根结底是为了取得实效，教学效果是衡量教学方法有效性的根本尺度。我们常说要学习借鉴"好的教学方法"。其实，教学方法原则上没有好和坏之分，只有有效或无效的区别。考察教学方法是否有效，既要看形式，更要看实质，形式上的"热闹"并不一定有实效。比如，在课堂中，教师和学生一问一答，师生互动，但如果问和答的问题本身质量不高，或问答流程形式化，问答内容娱乐化，那么这样的课堂教学也难以引起学生心灵深处的震撼。因此，思想政治教学的实效就是充分显现教学的科学美、哲理美、论证美、表达美、构思美、智慧美、德行美、质朴美与创新美等，实现思想政治整体性教学目标。

第二章 高校思想政治理论课程的教学方法

高校思想政治理论课程的教学方法是高校思想政治理论课程教学论的一个重要组成部分。加强对高校思想政治理论课程教学方法的研究，不仅有助于完成教学任务，提高教学质量，调动学生学习的积极性和主动性，而且有助于提高高校思想政治理论课程教学的说服力和吸引力。高校思想政治理论课程教学方法的研究必须从弄清其内涵与外延开始，逐一对其类型、特点、选择、运用、创新与发展等方面展开论述。

第一节 高校思想政治理论课程教学方法的内涵和特点

明确概念是正确思维的首要条件，是彼此交流思想的必要前提。"概念是思维的细胞。细胞发生了毛病，由细胞构成的组织就会发生毛病，甚至全身都会发生毛病。同样的，在概念方面发生了毛病，就会使由概念构成的判断、推理和论证都发生毛病，思想就会不正确。"所以明确高校思想政治理论课程教学方法的内涵和特点，对于理解高校思想政治理论课程教学方法的概念十分必要。

一、高校思想政治理论课程教学方法的内涵

从一定意义上说，教学方法与高校思想政治理论课程教学方法的关系是共性与个性、一般与个别的关系。明确教学方法的内涵是全面、深入、细致阐述高校思想政治理论课程教学方法内涵的必要前提条件，而全面、深入、细致阐述高校思想政治理论课程教学方法的内涵是对教学方法认识的丰富和深化，二者所追求的目标是一致的，即它们都是为高校思想政治教育课堂教学服务的。

教学方法是构成教学论的主要内容之一，它是作为外化形式并在实践中发挥作用的。迄今为止，学术界对教学方法的定义仍未达成共识。我们把现有的关于教学方法的定义进行归纳总结，可以归纳为如下几类：

方法说。该说法认为，教学方法是教师为达到教学目的而组织和使用教学技术、教材、教具和教学辅助材料以促成学生按要求进行学习的方法。

方式说。该说法认为，教学方法是"为了解决教养、教育和发展学生的一定任务，教师和学生相互联系活动的种种方式"。

活动说。该说法认为，教学方法是"为达到教学目的，实现教学内容，运用教学手段而进行的，由教学原则指导的，一整套方式组成的，师生相互作用的活动"。

手段说。该说法认为，教学方法是"教师为完成教学任务而采用的手段"。

上述四类说法是依据对教学方法的着眼点、侧重点、角度的不同看法而提出的。虽然这些说法存在分歧，但不影响我们概括、归纳教学方法的本质属性。教学方法的本质属性主要表现在以下三个方面：首先，教学方法与教学手段密不可分。"任何教学方法的使用都要借助一定的教学手段，没有教学手段的教学方法只能是一个空壳"。在传统教学方法中，如果没有黑板、粉笔、挂图、语言、表情、手势等教学手段，再好的教学方法也无从施展。在现代教学方法中，如果没有计算机、多媒体等教学设备，再好的教学方法也是无源之水、无本之木，无法实施。其次，教学方法与教学目的紧密相连。教学方法是为教学目的服务的。教学目的的不同，所选择的教学方法也不同，教学目的对教学方法起导向作用。最后，教学方法与教学观念密切相关。任何一种教学方法都是在一定的教学观念指导下进行的。例如传统教学观念的核心是把学生视为客体，视为知识的"容器"，在这种教学观念的指导下，其教学关系是我问你答，我讲你听，我写你抄，此时教学方法的选择和使用是为了传授知识，而对学生其他方面的发展不给予关注。在这样的课堂上，教学"双边活动"变成了"单边活动"，教代替了学。现代教学观念的核心是"以人为本"，关注的是学生的全面发展，在这种教学观念的指导下，其教学关系是师生互动，此时教学方法的选择和使用是为了学生全面发展而服务的。在这样的课堂上，教学由"单边活动"变成了"双边活动"，教是为了学，教是为了不教，其最终的目的是"达成共识、共享、共进，实现教学相长和共同发展"。

综上所述，教学方法主要是指在一定的教学观念的指导下，为了在教学过程中达到教学目的，完成教学任务而采取的一整套操作策略。高校思想政治理论课程教学方法除了要具备上述教学方法的基本内涵外，还要考虑到高校思想政治理论课程性质、课程内容等特点，这是全面阐述高校思想政治理论课程教学方法的首要条件。

高校思想政治理论课程教学方法是指在教学过程中，教师和学生为实现高校思想政治理论课程教学目的，完成高校思想政治理论课程教学任务，所采用的教和学的方式或手段的总称。这一定义下的高校思想政治理论课程教学方法具备以下几个特点：首先，高校思想政治理论课程教学方法强调知行统一，强调践履，这是由高校思想政治理论课程特点决定的。其次，高校思想政治理论课程教学方法所追求的最终目标是使受教育者成为德、智、体、美等方面全面发展的社会主义事业的建设者和接班人，为社会主义现代化建设输送合格人才。最后，高校思想政治理论课程教学方法，既包括教师的教法，也包括学生在教师指导下的学法，是教授方法与学习方法的有效组合。同时，这一定义也表明了高校思想政治理论课程教学方法是联结高校思想政治理论课程教与学的主要形式，是反映高校思想政治理论课程教与学关系最为明显的因素。

二、高校思想政治理论课程教学方法的特点

高校思想政治理论课程教学方法的特点是由高校思想政治理论课程的内容、性质和目标决定的。其特点主要表现在以下三个方面：

（一）课程内容决定了教学方法具有培养学生认知能力与非认知能力的特点

高校思想政治理论课程是对青年学生进行系统的思想政治教育的主渠道、主阵地和基本环节。高校思想政治理论课程内容主要对学生进行世界观、人生观、价值观教育，进行爱国主义、社会主义、共产主义教育，进行社会公德、职业道德、家庭美德教育，进行坚持集体主义价值导向，反对个人主义、享乐主义、拜金主义教育等。这一课程内容不仅重视和强调教学方法在传授知识、培养认知能力过程中的作用，而且注重教学方法在培养学生非认知能力过程中的作用。这是因为当今时代日趋网络化、科学技术化、知识经济化，这一时代背景要求学生不仅具备完整的知识体系、牢固的知识基础，而且要求学生具有良好的非认知能力。因为非认知能力不仅对学生的学习过程起维持、调节的作用，而且决定着学生的学习积极性、主动性，促进知识的掌握和智能的发展，同时还对学生形成良好的道德观念和积极的态度，树立远大的理想和坚定的信念有巨大的推动作用。因此，高校把思想政治理论课程教学作为培养学生全面发展的一个主渠道。那么，在高校思想政治理论课程教学过程中，如何把知识、智力、非认知能力统一在教学和学习过程中，又如何在这个过程中更好地培养学生非认知能力，也就成为高校思想政治理论课程教学方法所要研究的一个重要内容。最关键的是高校思想政治理论课程教学方法要具有情趣性，即在高校思想政治理论课程教学过程中，主张教师使用能使学生积极主动参与，产生学习兴趣的教学方法，重视学生积极的情感体验，让学生在学习过程中有一种生机勃勃的精神状态，从而通过掌握基础知识、技能和技巧，促进学生情感、意志、性格等内部心理特性全面和谐的发展。例如，高校思想政治理论课程中的暗示教学法，就是让学生愉快而轻松地学习，强调情感、情绪的教育作用，让学生在轻松愉快中学习，激发其学习兴趣，强化学习动机，提高学习效率，使其成为一名德才兼备、品学兼优的好学生。

（二）课程性质决定了教学方法具有多样性和多边性

高校思想政治理论课程是对马克思主义哲学、政治经济学、毛泽东思想、邓小平理论、"三个代表"重要思想、大学生思想品德修养等课程的统称。其课程性质主要体现在三个方面。其一，高校思想政治理论课程是一门综合课程。从课程目标来看，高校思想政治理论课程的目标既有思想道德目标，也有科学文化目标，还有生活教育目标。它是在对教育学、心理学、政治学、伦理学等学科进行高度整合的基础上建立的一门课程，具有高度的综合性，涉及多个学科、多个领域的知识，兼具思想教育、政治教育、品德教育、社会教育以及生活教育等多重价值。其二，高校思想政治理论课程是一门活动型课程。从课程呈现形态来看，该课程主要是以与学生身心健康发展相适应的、学生能积极参与的主体性活

动为主要形式，如讨论、欣赏、参观访问、调查研究等，课程目标主要通过教师指导下的各种教学活动来实现。其三，思想政治理论课"是集中体现统治阶级意志的课程，体现了社会主义大学的本质特征。因此，思想政治理论课程的开设和课程内容带有某种强制性。课程内容必须反映马克思主义意识形态要求，以马克思主义意识形态作为标尺"。

　　明确高校思想政治理论课程性质对教师教学和教师对教学方法的思考有着重要意义。它使教师在进行备课时能够准确地使用教学方法，在组织教学活动时能够从单纯讲解中走出来，使高校思想政治理论课程教学方法具有多样性和多边性的特点。多样性是指高校思想政治理论课程教学方法的种类多。高校思想政治理论课程教学方法受高校思想政治理论课程教学原则的制约，服务于高校思想政治理论课程教学目的、教学内容和教学对象，诸多因素的有机结合，构成不同功能、不同层面、适合各种场合的多种多样的教学方法。正如巴班斯基所说："大家知道，教学方法是师生为达到教育和培养人的目的而进行的相互联系活动的方式。由于活动的方式和性质是多方面的，所以，教学方法也是多种多样的。因而，企图制定经常使用、数目有限的几种教学方法是错误的。"种类繁多的高校思想政治理论课程教学方法形成了全方位、多功能的方法体系。多边性是指高校思想政治理论课程教学方法不再囿于以往高校思想政治理论课程教学方法的单向活动和双向活动，更为重视开发师生之间、生生之间的多边关系，进而产生多边互动型的教学方法。多边互动型的教学方法，是教师和学生之间双向交流的模式，这种模式是高校思想政治理论课程教学方法发展的一大趋势。

　　但是，在当代倡导主体性教学的背景下，高校思想政治理论课程教学方法仍然停留在教师活动与学生活动相互联系的认识层面上，不够全面和科学。高校思想政治理论课程教学关注的目光应从教师与学生的联系移向师师之间和生生之间的联系；高校思想政治理论课程教学方法更应聚焦于师生以外的互动上，由双向交流变成多向交流，由双边互动变成多边互动，这是高校思想政治理论课程教学方法改革的一个新趋势。

（三）课程目标决定了教学方法具有继承性和发展性

　　高校思想政治理论课程教学方法作为实现教学目标的手段，具有继承性和发展性。继承性是指现代的教学方法是在原有教学方法基础上的充实与更新。发展性是指教学方法在教学发展的历史长河中，不是永恒不变的，而是随着生产力和科学技术的发展、变化而发展和完善的。同时，新的教学方法的产生并不是对以往教学方法的否定、抛弃，而是对以往教学方法的发展与超越。高校思想政治理论课程教学方法的继承性和发展性是一个事物的两个方面。我们对以往的高校思想政治理论课程教学方法既不能全盘肯定也不能全盘否定，正确的态度是批判地继承，合理地利用，科学地加以发展。因为高校思想政治理论课程教学方法一方面受制于社会的物质生产条件以及相应科学技术的发展水平，另一方面受高校思想政治理论课程目标的影响。高校思想政治理论课程目标的实现，在很大程度上受制于教学方法的使用。单靠"一言堂""满堂灌"、照本宣科和枯燥僵化的教学方法是不能实现高校思想政治理论课程目标的，必须要在教学方法上下功夫，既要继承以往教学方法的优势，又要改革教学方法，使教学方法具有针对性、实效性和主动性。所以，高校思想政治理论课程教学方法是动态的、发展的，它随着课程目标、教学任务、教学内容、时代要求和生产力的发展变化而变化，使新的教学方法得以产生，旧的教学方法得以完善。

第二节　高校思想政治理论课程教学方法的分类与选择

近些年来，随着高校思想政治理论课程教学改革的不断深入，又有许多新的、有效的教学方法产生。这些教学方法的产生对提升高校思想政治理论课程教学质量起到了积极作用。所以，教师在实际教学过程中，能否正确选择和运用已有的教学方法和新产生的教学方法，已成为影响教学质量的重要因素之一。

一、高校思想政治理论课程教学方法的分类

高校思想政治理论课程教学方法的分类是把众多的思想政治理论课程教学方法按照一定的标准归属到一起，又按照某些不同的特点把它们区分开，从而建立起高校思想政治理论课程教学方法的次序和系统。

（一）高校思想政治理论课程教学方法分类的必要性

对高校思想政治理论课程教学方法进行分类研究，具有非常重要的现实意义，这是因为分类的目的是设计、选择更有效的教学方法。

首先，对高校思想政治理论课程教学方法进行分类，有助于高校思想政治理论课程教学方法科学体系的建立。高校思想政治理论课程教学方法的分类，是以对每种具体的高校思想政治理论课程教学方法进行详细分析为前提的。具体来讲，就是将若干相同或相近的高校思想政治理论课程教学方法归为一类，而把各种不同的高校思想政治理论课程教学方法彼此区分开，从而明确高校思想政治理论课程教学方法之间的关联和层次。由此，可以把原来繁杂散乱的高校思想政治理论课程教学方法置于一个井然有序的体系中，形成一个有机体系，从而使高校思想政治理论课程教学方法条理化、系统化。

其次，对高校思想政治理论课程教学方法进行分类，有助于教师准确有效地选择和运用思想政治理论课程教学方法，从而提高教学实效性。理论研究的最终目的是为实践服务，高校思想政治理论课程教学方法的类型研究自然也不例外。高校思想政治理论课程教学方法一经分类就建立了一定的体系，使各种具体教学方法的特点、功能及其在整个思想政治理论课程教学方法体系中的地位一目了然。不仅有利于教师从整体上把握各类思想政治理论课程教学方法，而且有利于教师根据教学目标的需要以及自身的实际情况，选择能够有效提高思想政治理论课程教学质量的教学方法。

最后，对高校思想政治理论课程教学方法进行分类，有助于完善高校思想政治理论课程教学论体系。高校思想政治理论课程教学方法是高校思想政治理论课程教学论的重要组成部分。高校思想政治理论课程教学论涉及高校思想政治理论课程教学过程、教学原则、教学手段、教学组织形式、教学效果、教学评价、教学主体、教学客体、课程理论、教学方法等。对高校思想政治理论课程教学方法进行分类研究，有助于高校思想政治理论课程教学论更好地去关注教学生活，深入到教学生活中感悟、反思，使高校思想政治理论课程教学论走出纯主观的思辨状态。

（二）高校思想政治理论课程教学方法的分类方式

高校思想政治理论课程教学方法的分类必须具有一定的标准，即必须根据思想政治理论课程教学方法的某些属性、某些特点进行分类。同时，由于教学方法分类的最大困难是弄清分类的理论基础。所以，虽然许多人都主张对教学方法进行分类，但由于思想政治理论课程教学方法本身的复杂性和多样性，不同的思想政治理论课程教学方法之间也存在着千丝万缕的联系，并且分类者提出的分类标准、依据也不尽相同，致使思想政治理论课程教学方法的分类难以趋于统一。

就目前高校思想政治理论课程教学方法分类研究的情况来看，主要分为以下几类：

第一种，即根据高校思想政治理论课程教学方法的适用范围进行分类，可以分为一般教学方法和具体教学方法（又称为个别教学方法）。一般教学方法是指适用于高校思想政治理论课程（马克思主义哲学、马克思主义政治经济学、毛泽东思想、邓小平理论、"三个代表"重要思想、思想品德修养、法律基础、国际政治与经济）教学活动的教学方法，主要包括理论联系实际教学法、讲授启发教学法、寓情于理教学法等。所谓具体教学方法是指在高校思想政治理论课程教学活动中，针对具体的教学环节所采取的方式、方法和手段，其优点在于它的个性和特殊性，它能够做到具体问题具体分析，有的放矢，"对症下药"，这有助于最大限度地实现教学目标，有助于完成教学任务，有助于增强教学实效性。但是，具体教学方法也存在着不足，它适用范围窄，使用有限。将高校思想政治理论课程教学方法分为一般教学方法和具体教学方法，有利于我们从整体上把握思想政治理论课程教学方法的功能和作用。但是，要使教师能更好地选择和运用它们，还需要结合具体的教学内容对其做详细阐述。

第二种，即根据高校思想政治理论课程教学方法的外部形态，以及在这种形态下学生认识教学活动的特点，可以分为如下几类：

（1）以传递和感知知识信息的来源分类。可分为口述法、讲述法、谈话法、讲演法、直观法、实践法、图示法。

（2）以传递和感知知识信息的逻辑分类。可分为归纳法、演绎法。

（3）以学生掌握知识时思维的独立性程度分类。可分为复现法、问题探索法。

（4）以对教学活动的控制程度分类。可分为在教师指导下的学习、学生独立学习、阅读书籍、书面作业等方法。

（5）以激发学生学习兴趣分类。可分为学习辩论、创造道德情绪情境等方法。

（6）以激发学生学习义务感和责任心分类。可分为说明学习的意义、提出要求、履行要求的练习、表扬和批评等方法。

（7）以口头检查和自我检查分类。可分为个别提问、全班提问、口头考查、口头考试等方法。

（8）以书面检查和自我检查分类。可分为考查性书面作业、书面考查、书面考试等方法。

第三种，即根据学生获得思想政治理论课程知识的途径，大体上可以分为语言的方法和实践的方法。

语言的方法主要是指教师口头语言和书面语言的运用。教师口头语言的运用，主要包括讲述法、讲解法、谈话法、朗读法等；教师书面语言的运用，主要包括板书、笔记的运用，教材、教学参考书的运用等。

实践的方法主要是指课外实践。例如参观访问、调查研究等。

综上所述，对高校思想政治理论课程教学方法进行分类的目的不仅仅在于明确教学方法这一概念的外延，还在于根据高校思想政治理论课程教学方法的类型，为不同的教学内容、不同的学习阶段选择合理有效的教学方法组合，从而更好地提高高校思想政治理论课程的教学实效性。但是，要将理论运用到实践，更好地指导实践，必须运用系统的整体观点，综合考虑诸多的影响因素，否则就很难达到理想的效果。

（三）高校思想政治理论课程教学方法分类的科学性

高校思想政治理论课程教学方法分类的科学性需要注意以下几个问题：

其一，科学的高校思想政治理论课程教学方法的分类是相对的，不是绝对的；是发展的，而不是静止的。因为高校思想政治理论课程教学方法是在特定的历史条件下产生的，具有很强的时代性。对高校思想政治理论课程教学方法的研究是一个历史过程，永无止境，人们只能保持在一定历史条件下相对的完整。也就是说，超越历史条件的、绝对完整的高校思想政治理论课程教学方法分类是不存在的。另外，在社会不断进步的影响下，随着网络、计算机、多媒体等不断完善，高校思想政治理论课程教学方法也将不断充实、完善。

其二，高校思想政治理论课程教学方法的分类是多元并存的，不是唯一的。在不同教学理念指导下的教学实践是不同的，因此使用的教学方法也不同。但这些教学方法类型均有存在的理由，它们可以相互补充，在实际的教学过程中，只要行之有效，就不能人为地独尊一家。一般来讲，科学的高校思想政治理论课程教学方法类型应当具备以下几个特征：首先，高校思想政治理论课程教学方法类型的相容性，即在这一类型中的任何一种教学方法不得与其他教学方法在内容上互相抵触、彼此矛盾。其次，高校思想政治理论课程教学方法类型的独立性，即各个教学方法的内涵应是彼此独立的，不能彼此包含、互相重叠。例如讲授法、讲解法、讲演法等教学方法在内涵上彼此并不独立。再次，高校思想政治理论课程教学方法类型的层次性，即每一种教学方法在整个教学方法类型中的地位与作用是处在不同层次上的。最后，高校思想政治理论课程教学方法类型的实践性，即高校思想政治理论课程教学方法都是对实践教学经验的概括与总结，具有很强的操作性，这主要是由以下三点原因决定的：高校思想政治理论课程教学方法来源于教学实践，是对成功的教学经验的概括，它来源于教学实践又回到教学实践中去指导教学实践的实施；高校思想政治理论课程教学方法使用的最终目的是为了达到预期的教学目标，取得更好的教学效果；高校思想政治理论课程教学方法不仅仅是应用的理论，更是理论的应用。

其三，在对高校思想政治理论课程教学方法进行分类的过程中，要处理好继承与革新的关系。高校思想政治理论课程教学方法的类型并不是凭空产生的，而是在继承已有的研究成果的基础上得来的，是对已有教学方法类型的充实和完善。同时，高校思想政治理论课程教学理论的发展、社会环境和教学对象的变化，要求高校思想政治理论课程教学方法必须随之进行革新。

二、高校思想政治理论课程教学方法的选择

高校思想政治理论课程教学方法的选择直接关系到教学效果与质量。教学方法的选择不是随意进行的，它是依据一定的教学目标和教学内容的，不仅要遵循一定的原则，还要考虑影响教学方法选择的因素。

（一）高校思想政治理论课程教学方法选择的原则

根据高校思想政治理论课程教学方法的特点及其在实践中的运用情况，我们提出了高校思想政治理论课程教学方法的选择要遵循的主要原则：

第一，"民主化"原则。高校思想政治理论课程教学更应讲"民主"，这是由高校思想政治理论课程具有情境性、审美性这一特点和"人文性"这一本质所决定的。高校思想政治理论课程教学的目的在于培养德、智、体、美等方面全面发展的人。因此，教师选择和应用教学方法时，要遵循"民主化"原则，树立"民主化"的教学思想，要把自己视为学生学习的"引导者""伙伴""朋友"，与学生"平等"相处，尊重学生的个性，发展他们的个性。在教学过程中，教师应"与学生真诚地沟通，尊重学生的人格，营造民主、平等、开放的氛围，即使有的学生讲'怪话'，唱'反调'，说一些过激的言论，也不要指责，这正是他们自我意识的反映、思想困惑的折射，对此只能采取疏导的方式"，而不应该成为课堂教学的主宰，这会使学生学习时失去积极性、主动性、创造性。

高校思想政治理论课程教学讲究"入情""入境"，追求"美感""愉悦"，最终达到"内化为知，外化为行"。因此，它要求教育者与受教育者平等相处，形成和谐、宽松、活泼的课堂气氛，只有这样，高校思想政治理论课程教学才能真正做到潜移默化。"民主化"原则，要求教师具有尊重学生独立人格，树立为学生服务的思想。"没有独立的人格，也就失去了作为人的根本特性，更谈不上自由的创造性和德性。"学生是学习的主人，他们

享有学习的主动权利，教师在选择和运用教学方法时只有遵循"民主化"原则，才能调动学生的积极性，使他们由被动学习转化为主动学习，只有这样才能真正学好高校思想政治理论课程。因此，在选择和应用教学方法时，我们提倡师生"协商""共同参与""平等相处"，反对"师道尊严"。课堂上要求教师态度温和，语言幽默，授课方法灵活、多样，提倡使用富有现代化民主思想的"问题教学法""谈话法""讨论法""辩论法"等教学方法。遵循"民主化"原则，为高校思想政治理论课程教学方法指明了方向，成为高校思想政治理论课程教学的指南。

第二，耦合原则。在高校思想政治理论课程教学的过程中，教学方法的选择与运用能否做到教师与学生、教与学、教法与学法辩证统一、有机结合，是高校思想政治理论课程教学成功与否的关键。耦合就是有机结合、辩证统一，相互支持、相互促进。凡是耦合状态下的教学，教得得心应手，学得生动活泼；教师传知、导思、授法三管齐下，学生手脑并用，学思结合；教学气氛活泼热烈，教学过程严谨有序。耦合原则是高校思想政治理论课程教学方法所应追求的最高境界。高校思想政治理论课程教学方法应遵循耦合原则是高校思想政治理论课程教学现状的需要。因为高校思想政治理论课程教学方法过多地强调了教师的作用，过分地重视了教的过程，而且教学方法也是根据教师如何教得方便来设计、选择和运用的；学生的作用和地位，学的过程的重要性，学生如何学、如何才能学好等问题则较少受到关注。这样一来，学生就只能消极地跟着教师使用的教学方法学习，很难在思想、情感、教与学的活动等方面相互统一配合，这是造成教学效果不好的重要原因之一。要想改变这种状况，提出高校思想政治理论课程教学方法的选择要遵循耦合原则是必须的，也是必要的。

第三，启发性原则。遵循启发性原则，其最终目的是培养学生高尚的思想道德品质和良好的行为习惯。高校思想政治理论课程教学方法之所以要坚持启发性原则，主要是由于在教学过程中，启发性原则体现了以学生为主体、教师为主导的指导思想。只有充分意识到这一点，才能充分调动学生学习的主动性、积极性和自觉性，发展学生的思维能力。如果忽视这一原则，学生则处于被动机械的记忆状态，培养出来的学生只会死记硬背，不会融会贯通。

高校思想政治理论课程教学的对象是在校本科学生，这些学生已具有一定的知识储备，再结合教师已讲解的知识，他们能够分析社会上的某些现象。所以，教师在选择教学方法的过程中，要采用启发性原则，在课堂上要留给学生施展自己才华的空间，让教学方法具有"不愤不启，不悱不发"的作用，激发学生的求知欲，使学生对已学过的课程产生成就感，从而增强其学习兴趣，养成勤于思考和善于思考的习惯。

第四，直观性原则。教师在教学活动过程中，要结合教材内容，充分运用图标、图画、实物等直观教学手段，以及运用幻灯机、投影仪、电视机、电脑等教学工具，变平面式教学为立体式、现代化教学，这样才有利于充分调动学生的学习兴趣，提高课堂教学效率，增强课堂教学效果。高校思想政治理论课程教学方法的选择之所以遵循直观性原则，是由教学方法自身属性决定的。在日常教学活动过程中,最实用的直观教学方法就是讲授教学法,而讲授教学法依据的主要教学手段则是板书和语言。布局合理、字迹规范的板书和准确、流利、生动的语言在强化学生记忆的同时,可以使学生获得美的享受。直观性的教学方法还有助于调动学生的多种感官和已有的经验,使学生在获得生动的表象的基础上进行抽象思维,从而掌握理性知识。

第五,整体性原则。整体性原则反映的是方法的存在、运动和发展的客观规律,揭示了方法存在的普遍形式和一般特点。它要求我们从联系实际的角度考察高校思想政治理论课程教学方法,用整体的观点来对待高校思想政治理论课程教学方法的选择问题。高校思想政治理论课程教学方法有很多种,虽然每种教学方法具有不同的功能和作用,但是它们的目标是一致的,即达到预期的教学效果,从这层意义来看,高校思想政治理论课程教学方法的选择应遵循整体性原则。

(二)影响高校思想政治理论课程教学方法选择的因素

高校思想政治理论课程教学方法的理论,"既要研究教学方法的本质和结构,研究它的分类,还要研究教学方法的选择问题。换句话说,要帮助教师在思想上明确:在什么情况下选择什么样的教学方法以及怎样进行选择"。而巴班斯基则认为,影响教学方法选择的因素为教学规律以及由此引申出的教学原则、教学目的和教学任务、该门学科的内容及方法、学生学习的可能性、外部条件的特征、教师本身的可能性。结合高校思想政治理论课程自身的特点,从具体的课堂教学实践出发,可以认为影响高校思想政治理论课程教学方法选择的因素主要有以下几个方面:

第一,教师因素。教师是高校思想政治理论课程教学方法主要的、具体的实施者。高校思想政治理论课程教师的教学态度、教学能力、知识结构对高校思想政治理论课程教学方法的选择是一个不可忽视的影响因素。在选择教学方法时,教师对自己要有充分的估计,分析自己在教学上的优势,充分发挥和利用教学方法。例如有的教师语言表达能力较强,则应多采用言语呈现法;有的教师擅长采用图示呈现教学内容,则应多采用直观呈现法;有的教师逻辑思维能力较强,则应多采用归纳法、演绎法等。教师在分析自身优势的同时,也必须看到自己的不足,并努力克服它,使自己薄弱的地方尽快得到完善。此外,教师在选择教学方法时,也要考虑到运用教学方法所需要的时间,有些方法(如问题教学、归纳法)比其他方法(如再现法、演绎法等)多耗费时间。因此,教师有时不得不采取妥协的方式放弃当初选择的方法,以求在限定时间内如期完成任务。

第二,学生因素。高校思想政治理论课程课堂教学方法最终是在学生身上得到具体的实施。衡量高校思想政治理论课程教学方法优劣的主要标准是看高校思想政治理论课程教学方法是否符合学生的年龄特征,是否适应学生的智力水平,是否能调动学生学习的情趣,是否能充分利用学生学习的潜能等。从这一角度上看,学生是影响高校思想政治理论课程教学方法选择的又一个重要因素。但是,学生对高校思想政治理论课程教学方法选择的影响，不仅表现在学生的学习态度、学习准备、智力水平、年龄特征等方面，更主要的是表现在学生学习高校思想政治理论课程的学习特点方面。

众所周知，高校思想政治理论课程集科学认识功能和价值导向功能于一体，它是科学理论与意识形态的辩证统一，是知识教育与素质教育的辩证统一。因此，其内容必然带有明显的教育性、理论性、抽象性等特征。高校思想政治理论课程自身的这种特点给学生学习高校思想政治理论课程内容带来了很大困难，他们无法亲身体会、感受，也不能直接观察和实验（如马克思主义哲学、政治经济学等），所以只能借助事实来推想书本上的理论，这是高校思想政治理论课程的学习特点。因此，教师选择教学方法时，一定要考虑到这一特点，争取做到理论联系实际，恰当地运用分析与综合的思维方法。

第三，教学目标因素。高校思想政治理论课程教学目标是高校思想政治理论课程课堂教学的指南针，它明确指出了某一节课、某一学期、某一学年应该完成的教学指标，所以教师在选择高校思想政治理论课程教学方法时，必须考虑哪些教学方法更适合达到教学目标，必须考虑不同的教学目标应该与不同的教学方法相匹配。例如教学目标中要求学生达到"知识"水平，教师一般可选择"言语呈现法"或"直观呈现法"；教学目标中要求学生达到"理解"水平，教师可选择"直观呈现法"或"以教师指导为主的教学方法"；教学目标中要求学生"独立思考"，教师则可以选择"教师指导下的学习""学生独立学习""阅读书籍""书面作业"等教学方法。

可见，不同的教学目标，不仅要求学生有不同的思维方式与之相适应，而且要求学生用不同的行为活动来实现。同时，学生不同的思维方式又影响教师必须运用不同的引导方式帮助学生达成目标。因此，教学目标是高校思想政治理论课程教学方法选择的重要影响因素之一。

第四，教学环境因素。高校思想政治理论课程教学环境是一个由多种要素构成的复杂系统，它对学生学习过程中的认知、情感和行为产生潜在的影响，对教学活动的进程和效果施加系统地干预。可以说，高校思想政治理论课程教学环境的优劣在某种程度上不仅决定了教学活动的成效，而且还影响了教学方法的选择。例如教学环境中的课桌椅、电化教学设备、人际关系、课堂心理气氛等，一方面能影响教学活动参与者的心理和行为，另一方面能改变教学的方式和方法。

高校思想政治理论课程教学环境主要是指课堂教学环境，因为教学方法的主要实施是在课堂教学过程中得到实现的。课堂教学是教师、学生和教学情境三者之间相互作用的活动过程。课堂教学环境主要是由教师的教风、学生的学风、教室中的物质和物理环境等因素构成的。其中，教师教风中的教学思想、教学态度、教学能力、教学风格、治学精神、管理方式、道德品质，学生学风中的学习态度、道德品质和行为、组织纪律性、团结协作、尊敬师长、关心同学、热爱集体、自学互学、勤学乐学，教室中的物质和物理环境等因素是影响教学方法选择的主要因素之一。在通常情况下，如果选择的教学方法能够较好地考虑到上述因素，就会使课堂教学气氛融洽，师生配合默契，生生关系融洽，教学效果显著。

可见，教学环境是影响高校思想政治理论课程教学方法选择的又一重要因素。

第五，教学手段因素。高校思想政治理论课程教学手段是高校思想政治理论课程教学的媒介，是联结教材、教师、学生的纽带，尤其是其中的直观教学手段，它的完备性、清晰性、新颖性、智力性、教育性等都影响着高校思想政治理论课程教学方法的选择。教师可以根据需要，充分利用电脑、投影仪、多媒体、互联网、数字音像等现代化教学手段进行直观教学。有效运用教学手段不仅能提高课堂教学效果，而且还能使课堂教学延伸到课外，这为高校思想政治理论课程教学创造了良好的外部环境。例如可以积极利用校园网络，在校园网上建立高校思想政治理论课程教学的学习园地，将课前预习要求、预习过程中所应注意的问题、教学大纲和电子教案等在网络上发布，供学生参考；可以利用校园网和学生进行交流，教师和学生通过电子邮件交流学习、生活中的想法和感受，可以拉近师生间的距离。可见，正确运用教学手段，不仅能激发学生的学习热情，引导学生积极主动地学习，而且还能培养学生的自学能力。这种做法彻底改变了传统课堂教学活动中教师主动、学生被动的局面，使之成为教师、学生互动的重要媒介和纽带。

第三节　高校思想政治理论课程教学方法的创新与发展

随着社会的进步、时代的发展，高校思想政治理论课程的教学方法也日趋多样化、灵活化、学生主体化。这些教学方法的出现，在一定程度上改变了以往"重知识、轻能力"的局面，较好地改变了学生被动学习的状态，改变了学生潜能得不到发挥，个性得不到充分发展的局面，使课堂教学的效果得到明显好转。这一成就的取得，一方面是由于"坚持、继承和发扬在长期的教学实践中形成的正确的、行之有效的教育思想和观念"；另一方面是由于坚持不断创新和发展的教学方法所致。当前，高校思想政治理论的课程内容要不断创新与发展，教学方法也要坚持创新与发展，这样才能使高校思想政治理论课程教学走出一条视野更宽、内容更新、针对性更强、更具有实效性、形式更新颖的改革和发展之路。

坚持高校思想政治理论课程教学方法的创新与发展，有助于调动学生学习高校思想政治教育课程的积极性、主动性、创造性，有助于增强高校思想政治理论课程教学的实效性、科学性、针对性，有助于提高高校思想政治理论课程教学的感染力、说服力、吸引力。要推动高校思想政治理论课程教学方法的创新与发展，不仅要坚持教育观念创新，认识到坚持思想政治理论课程教学方法创新与发展的必要性，而且还要考虑到思想政治理论课程教学方法创新与发展的一些要求。

一、高校思想政治理论课程教学方法创新与发展的必要性

在新的形势下，对高校思想政治理论课程教学方法进行创新与发展，是由提高高校思

想政治理论课程教学水平和教学实效性这一要求决定的。

（一）回应时代挑战的需要

中共中央、国务院颁布的《关于进一步加强和改进大学生思想政治教育的意见》（以下简称《意见》）明确要求，大学生思想政治教育要努力"体现时代性，把握规律性，富于创造性，增强实效性"。这不仅是对大学生思想政治教育的要求，也是对高校思想政治理论课程教学的要求。"体现时代性"，就是要求高校思想政治理论课程教师要从时代的高度来审视自己的教育理念和教学方法，尤其是在"网络时代""信息技术时代"的今天，如何把这些高科技手段与教学方法有机地结合起来，使之更好地为我们思想政治理论课程教学服务，应是每位教师都应思考的问题。这一时代特点要求教师要善于把计算机和网络引入到教学中，要求教师要善于把传统的以语言文字为主的教学方法与生动直观的多媒体教学手段相结合，创造出更多"情景交融、声情并茂"的教学方法。

（二）回应教学改革的需要

素质教育是对传统教育的扬弃和继承。要落实素质教育，就必须对传统教育尤其是传统教学进行改革，要革新教学内容、教学方法、教学手段、教学理念、教学组织形式等。而教学方法的创新与发展正是对教学改革的一个有力回应。高校思想政治理论课程教学是实施素质教育的主要渠道之一，它在素质教育中担负着十分重要的作用。长期以来形成的"以教师为中心、以课堂为中心、以教材为中心"的传统教学方法，注重对学生基础知识和基本技能的培养和训练，过分强调基础教育，"这种机械刻板式的教学方法显然无法培养人的全面素质，更不利于开发学生的创造潜能"。因此，传统的教学方法在顺应时代和社会发展要求的前提下，要不断地创新和发展，这不仅是实施素质教育所要求的，也是增强思想政治理论课程教学实效性的必要前提。

（三）回应以学生为主体的需要

在思想政治理论课程教学过程中，怎么看待学生，把学生看成什么样的人，对学生采取什么态度，一直是高校思想政治教育课程教师所关注的重要问题之一。思想政治理论课程教学方法的不断创新与发展体现了以学生为主体的教学理念。任何教学方法的使用和创新，归根结底是为了一切学生和为了学生的一切。基于这样的教学理念，教学方法更要凸显出学生的主体地位，更要关注师生交往、积极互动和共同发展，更要侧重学生智力的提升、能力的培养、品德的陶冶。这不仅改变了以往"我讲，你听；我问，你答；我写，你抄"的"单边教学活动"，而且也改变了"先教后学，教了再学，教多少、学多少，怎么教、怎么学，不教不学"的被动教学局面。

二、高校思想政治理论课程教学方法创新与发展的要求

高校思想政治理论课程教学方法，是对高校思想政治理论课程教学实践经验的总结和

概括，它对提高教学效果、完成教学任务具有重要意义。在信息化、网络化、科技化、市场化和多元化的今天，要想真正发挥思想政治理论课程教学在培养社会主义的建设者和接班人，使学生树立正确的世界观、人生观和价值观方面的作用，就必须转变教学理念，就必须使教学方式方法"贴近大学生的思想实际，更加贴近大学生的思维方式"，就必须研究和创造出新的教学方法。但教学方式方法的创新，关键在于，一要把握好教材内容的教学要点的精神实质；二要真正了解和理解当代大学生。

随着高校思想政治理论课程的教学实践活动的深入发展、教师认识的提高和教学经验的积累，高校思想政治理论课程教学方法的创新与发展也将不断得到充实和完善。具体来讲，在高校思想政治理论课程教学方法的创新与发展的实践活动过程中，应注意以下几点要求：

（一）坚持方向性

这里的方向性主要是指正确的政治方向。高校思想政治理论课程具有很强的政治性，这是马克思主义理论阶级实质的鲜明体现和内在要求。在高校思想政治理论课程教学方法的创新与发展中，"必须坚持正确的政治方向性原则，突出课程的政治性，把政治性放在教学的首位"。

突出政治性，就是要求教育者要具有敏锐的政治鉴别力，善于运用辩证的观点、历史的观点和阶级的观点来分析社会现象，善于从政治的高度、大局的高度认识高校思想政治理论课程的重大使命，及时从政治的高度分析学生思想意识领域的发展趋势及所提出的重大现实问题，正确认识学生思想意识领域中一些具体矛盾的性质。坚持正确的政治方向，这是由高校思想政治理论课程的教学内容所决定的，因为高校思想政治理论课程教学方法的创新与发展，是为高校思想政治理论课程的教学内容服务的。如果高校思想政治理论课程教学方法的创新与发展不突出政治性，就会使教学方法的创新与发展偏离正确的轨道，高校思想政治理论课程教学也将会失去实效。

（二）坚持主体性

坚持主体性是指在高校思想政治理论课程教学方法创新与发展的活动过程中，在坚持以学生为主体，考虑到学生主体的需要和特点的前提下，所有教学方法的创新与发展，都应围绕学生"学"的活动来安排和设计。坚持主体性，不仅能使学生个人价值与尊严得到充分体现，主体地位得到充分确立，而且有助于学生的全面发展，有助于学生的自主性、能动性、主动性、创造性得到充分发挥。

在高校思想政治理论课程教学活动中，教师和学生的关系是双向互动的，学生不仅仅是接受教育、接受知识的客体，同时也是自我认识和自我教育的主体。因此，高校思想政治理论课程教学要达到预期的教学目标，就必须在教学实践过程中充分发扬民主，营造师生之间的民主、平等、友善、合作的课堂氛围，营造有利于学生积极主动参与的、主动学习的和谐宽松的教学环境。

在教学活动过程中，只有充分发挥教师和学生各自的主体精神和主体作用，才能使教师乐教，学生乐学，使教、学的主体共同参与到整个教学过程中。教学是师生双方的共同活动，从教师的知识储备情况、教师对学生心理特点的掌握、教学规律的运用来说，教师是教的主体；从教学是为了实现学生知识、能力、思想品德素质的转化来说，学生是学的主体。在教学过程中学生如果没有主动地去感知、思考，单凭教师灌输，学生的认识无法实现；如果只有学生主动地感知、思考，而没有教师引导，学生的认识同样无法实现。因此，在高校思想政治理论课程教学方法创新与发展的实践活动过程中，必须坚持主体性，因为它是促进学生学习发展的外部条件。坚持学生主体性的教学方法，有助于使教师做到以下几点：教师能尽量地控制自己的教学活动，能尽可能多地为学生提供独立思考的机会、时间和空间；教师能鼓励学生积极参与，能激发学生学习的主动性和积极性；教师更加尊重学生的人格，唤起学生的主体意识，强化学生的自主精神；教师能充分发挥学生自身的主体意识，让学生在德育教学活动中成为主角，这不但能满足学生自我实现的心理需要，还能增强学生的价值感和成就感。

（三）坚持实践性

坚持实践性是指在高校思想政治理论课程教学方法创新与发展的过程中，要重视理论联系实际，要结合实例进行教学，鼓励学生动手、动脑，让学生积极参与到教学过程中来。在教学过程中，教师要组织学生进行有效地练习，引导学生运用所学知识去解决实际问题，这不仅能使学生获得运用知识的能力，而且还有助于培养学生将所学知识"内化为知，外化为行"。高校思想政治理论课程的教学实践经验证明，教学目的决定了教学方法创新与发展必须要坚持实践性。高校思想政治理论课程的教学目的是帮助学生树立正确的人生观、价值观、世界观，培养学生在德、智、体、美等方面全面发展。而这一教学目的的实现与实践活动密不可分，教学目的在实践活动中得以深化、发展。高校思想政治理论课程教学方法的创新与发展，只有坚持实践性，让学生积极参与实践，才能提高学生学习的积极性、主动性。此时的教学方法，有助于使教师做到以下三点：有助于教师在教学中把所讲授的内容同学生的生活和社会实际结合起来，引导学生联系实际去理解和掌握教学内容，引导学生运用所学知识去解决实际问题；有助于教师在教学过程中，想方设法地给学生提供实践的机会，鼓励学生观察、思考、质疑；有助于教师摒弃"注入式"教学方法，培养学生发现问题、提出问题及解决问题的能力。

（四）坚持理论联系实际

"现代教育观告诉我们：教学局限于课堂，内容局限于理论，方法局限于灌输的方式已为时代所弃"，在当今时代，新问题、新现象不断涌现并且不断渗透、冲击高校思想政治理论课程教学，这一客观环境要求把"书本知识和社会实践结合起来，提高学生用马列主义基本理论，观点正确地、客观地分析问题、解决问题的能力"。而且，"思想政治理论课程的特殊性恰恰又在于其教学活动不能仅仅停留在理论教学本身，而必须把理论转化为学生的思想政治素质，以学生思想政治素质的提升为核心目标，要想使一个人超越个人自身体验的局限性，形成更为宏观的思想政治观念，最好的方法是参加社会实践，在实践中增长知识才干"。

坚持理论联系实际，主要是指教师在教学过程中，不仅要重视基本理论知识的教学，而且还要引导学生运用所学知识解决实际问题，这是由高校思想政治理论课程教学内容、教学任务、教学目标决定的。此时的教学方法，有助于使教师做到以下三点：有助于教师培养学生观察问题、分析问题的能力；有助于培养学生言行一致、知行统一的品质；有助于培养学生把坚定的信念付诸实践的习惯。在高校思想政治理论课程教学方法创新和发展的过程中，要坚持理论联系实际这一要求，教师就必须做到：既要联系社会、生活实际，又要联系学生的思想实际。在理论联系实际的过程中，既要注意把握理论与实际范围的"相宜性"，又要注意理论联系实际内容的"时代性"；既要正视理论与现实生活的某些"差异性"，又要考虑理论联系实际过程中说服教育与情感教育的"统一性"；既要做到课前有所准备，又要注意不要面面俱到；既要切忌低级庸俗，又要切忌生搬硬套。总之，高校思想政治理论课程教学方法的创新与发展，坚持理论联系实际这一要求，能使理论与实际得到有机结合，使教学的实效得到保证。

三、高校思想政治理论课程教学方法创新与发展的趋势

随着现代科学技术的发展，人类社会步入了信息、网络时代。科技的迅猛发展使人类知识的总量急剧增长，这种情况使高校思想政治理论课程教学内容变得丰富，使教学条件日益现代化。在这一时代背景下，高校思想政治理论课程教学方法的创新与发展呈现出一些新趋势。

（一）综合化趋势

高校思想政治理论课程教学方法的创新与发展是"认识—实践—再认识—再实践"的无限循环往复的过程。在这个无限循环往复的过程中，高校思想政治理论课程教学构建了自己的方法体系。这种方法体系，一方面来源于自身的实践经验，另一方面则来源于其他相关学科的教学方法。当前，高校思想政治理论课程教学方法创新与发展的趋势之一是趋向综合化，其主要表现在以下几个方面：

首先，这是由于科学技术发展呈现出高度分化和高度综合。现代科学技术日益趋于综合化发展趋势，这种趋势要求有高度综合素质的人才与之相适应。在这一趋势下，高校思想政治理论课程内容也呈现出综合化趋势，如高校思想政治理论课程内容借鉴了教育学、心理学、伦理学、政治学、哲学、社会学、历史学、人格学、行为科学等社会科学知识。这些知识要传授给学生，势必要借助一定的教学方法。因此，教学内容的综合化趋势必然要求教学方法综合化，这是增强教学实效性、达到预期教学目标所要求的。

其次，这是高校思想政治理论课程教学方法与管理学科整合使然。从某种意义上说，

管理学中的方法理论是高校思想政治理论课程教学方法理论的延伸和拓展。高校思想政治理论课程教学方法借鉴了许多管理学中的方法理论，尤其是"以人为本"的人力资源管理理论。这主要是由于高校思想政治理论课程教学和管理学所面对的客体是一样的，都是做"人"的工作。高校思想政治理论课程的目的是使学生养成良好的思想道德素质，而这些素质的养成除了依靠一定的课堂教学外，主要还是靠日常生活中的有效管理来达到，如品德、习惯、作风、纪律养成等。

再次，这是高校思想政治理论课程教学方法与心理学科整合使然。由于知识经济的崛起、信息网络时代的到来，社会生活节奏加快，学生的思想受到了一定的影响，不少学生心理承受能力差，心理压力较大，许多学生产生了心理障碍，这不仅影响学生的正常学习和生活，也影响了学生的身心健康。这一状况势必要求高校思想政治理论课程教学方法除了采用一般的教学方法外，还要借鉴心理学中的方法理论。心理咨询方法在当前高校思想政治理论课程教学中居于越来越重要的地位。

最后，这是高校思想政治理论课程教学方法与自然科学整合使然。"在社会科学研究中可以应用自然科学的方法。这是由自然科学和社会科学相互渗透的发展趋势决定的。这种渗透是相互的，社会科学和自然科学都要相互学习和吸收。"要把定性分析和定量分析有机地结合起来，使定量分析服从于定性分析，实现数学形式和社会内容的统一。要从具体内容出发，根据对象性质和研究任务的客观需要，善于确定应用自然科学方法所要解决的实际课题。但应注意的是，在社会科学研究中，自然科学方法不能代替马克思主义方法，尤其不能代替唯物史观的方法。从内容方面来看，爱因斯坦说过，通过单纯的专业教育，学生可以成为有用的机器，但决不能成为一个和谐的人。一个人能否成材，专业基础知识是必要的，但最重要的是一个人的综合素质。

因此，如果把自然科学与思想政治教育相结合，不仅有助于学生掌握科学文化知识，而且有助于学生的身心全面发展。从方法来看，高校思想政治理论课程教学方法绝大多数都是教学实践经验的总结，多的是定性分析，少的是定量分析。当前，高校思想政治理论课程教学方法也采用了较多的自然科学方法理论，如系统科学中的系统方法，有助于对高校思想政治理论课程教学方法所涉及的方方面面进行研究；数学中的定性分析与定量分析方法，有助于高校思想政治理论课程教学方法达到质与量的统一。但是，我们把自然科学方法理论应用到高校思想政治理论课程教学方法中要注意的是，自然科学方法不是万能的，我们在使用时还要注意它们之间的适用范围等因素。

总之，综合化是社会发展的必然趋势，也是高校思想政治理论课程教学方法创新与发展的必然趋势。

（二）现代化趋势

教学手段与教学方法是密不可分的。"从逻辑关系看，教学方法是上位，即教学方法比教学手段更重要，其图示是：教学观念—教学方法—教学手段。教学观念决定教学方法，教学方法又要求一定的教学手段。"随着现代信息技术的发展，教学手段不断更新，促使教学方法也日趋现代化，教学方法与教学手段彼此促进。可以说，有什么样的教学手段就有什么样的教学方法与之相适应。以黑板、粉笔为主的教学手段是与讲授法、讨论法、谈话法、读书指导法相适应的；以计算机、网络、多媒体为主的教学手段，除了与讲授法、讨论法、谈话法、读书指导法相适应外，还要与演示法、欣赏法相适应。

高校思想政治理论课程教学方法的现代化趋势，主要体现在教学手段日趋现代化。高校思想政治理论课程教学如果采用多媒体辅助教学，则可以突破时空限制，提供教学所需的各种背景资料。学生也可以根据自己的情况自主选择调用，提高了学生学习的辨识能力和学习的主动性。此时，教师不再是学生学习生活中唯一的信息源，而是信息的组织者、学生学习的辅助者。如果高校思想政治理论课程教学采用传统的教学方法，这不仅使教师疲惫不堪，而且学生学习的成效也不大。所以，高校思想政治理论课程教学如果采用以学生为中心，以提高学生自主学习能力，帮助学生树立自信心，养成良好的自主学习习惯为目标的现代化教学方法，有助于把枯燥单一的学习转变为轻松活泼的学习，有助于提高教学质量。因此，在高校思想政治理论课程教学过程中，教师要根据教学内容、教学对象，认真揣摩教学方法，吸收传统教学方法的长处，把多媒体教学手段与教学方法结合起来，让学生自主地、创造性地获取知识，主动地探求真理，就能不断培养和发展学生的自主人格和主动学习能力、思维能力、创新能力，提高学生的素质。

（三）隐性化趋势

思想政治理论课程隐性教学方法，是相对于思想政治理论课程显性教学方法而言的。思想政治理论课程显性教学方法，是受教育者能明显感觉到的一类教学方法，是为达到教学目的而开展的教学活动方式方法的总和。它的特点是把教学内容、教学目标、教学要求直接地告诉受教育者。思想政治理论课程隐性教学方法，是受教育者不能明显感觉到的一类教学方法。它是伴随着正式教学而随机出现的，是对学生的知识、情感、信念、行为和价值观等方面起着潜移默化影响的方法。它表现的形式是多种多样的，它可以是一次随机聊天，可以是某种有目的的设计，还可以是精心营造的心理环境或文化氛围等。高校思想政治理论课程教学由于受教学目标、教学任务的限制，过分重视显性教学方法的作用，而对隐性教学方法所起的补充和促进作用认识不足。比如，在高校思想政治理论课程教学过程中，由于教师过分局限于教材、显性教学方法，使教学有浓重的说教色彩，缺少隐性教学方法的使用，这既不能很好地实现教学目标，完成教学任务，还会使学生产生"逆反心理"，对本门课程的学习失去兴趣和动力。但是，思想政治理论课程隐性教学方法并不是完美无缺的，它也有自身的局限性。例如"无法完成系统理论教育的任务，无法对工作过程进行动态控制等"。因此，在今后的教学过程中，要依据教学内容、教学对象、教学任务灵活地把思想政治理论课程显性教学方法与思想政治理论课程隐性教学方法有机地结合起来，使二者"互补其短，各扬其长，相得益彰，互相促进"。

（四）多样化趋势

教学有法，教无定法。教学方法的优劣，对能否引起学生的学习兴趣至关重要。高校思想政治理论课程内容理论性较强，因此，就要用灵活多样的方法进行教学，这是保证学生学习兴趣的关键，是教学富有成效的重要保证，是调动学生学习积极性、主动性的"兴奋剂"。高校思想政治理论课程教学方法是教师和学生为达到教学目的而开展教学活动的一切方式方法的总和。在课堂教学过程中，教师选用的教学方法要因教学对象、教学内容、教学情境和教学条件的不同而有所不同，尤其是在网络信息时代条件下更需要灵活多样的教学方法。

当前，在教学过程中，除了讲授、讨论、案例、多媒体、社会实践等常用教学方法外，教学方法日趋灵活多样，出现了"2234"教学法；"寓教于趣、寓教于理、寓教于例、寓教于情、寓教于境、寓教于行"教学法；因材施教教学法；体验教学法；"坚持章节讲授与专题讲授相结合，坚持课堂讲授与自学、讨论相结合，传统教学手段与现代化教学手段相结合，课堂教学与社会实践相结合，有计划地组织学生进行教学参观、开展社会调查及社会调研"教学法；启发式和探索式教学法；参与式教学法；专题教学法；直观式教学法；四环教学法；"四化"教学法；五段式教学法；"反馈—交流"教学法；心理调控教学法；演讲式教学法；"问题引路"教学法；双结合教学法；四步式教学法；案例教学法；调研教学法；阅读教学法；辩论教学法；实践式教学法；对话式教学法；背景透视教学法；参与式教学法；课内课外教学活动相结合教学法；师生对话研讨式教学法等。教学实践经验证明，灵活多样的教学方法是高校思想政治教育课程教学富有成效的保证，是调动学生学习积极性，实现师生互动的必要前提，它对活跃课堂气氛、调动学生思维具有极其重要的意义。

综上所述，为适应素质教育、时代发展、学生个性发展和高校思想政治理论课程教学方法改革的需要，高校思想政治理论课程教学方法的创新与发展不仅要向综合化、现代化、隐性化和多样化趋势发展，而且要向重视培养学生的自学能力和创造能力，向由注入式的教学方法转移到启发式的教学方法，向强调教学过程的情感化，向现代化教学技术手段的广泛应用等趋势转变，更要向以教育学和心理学为基础和前提的现代教学方法，向从以"教"为主或以"学"为主转到研究"教和学"的辩证统一，向提高效率和强调学生学法，向充分调动学生学习积极性、激发学生学习兴趣和求知欲等趋势迈进，让学生在欢乐中学习，并获得知识和情感体验。

第三章 文化资源与高校思想政治教育

第一节 调解文化视域下的高校思想政治教育资源

人民调解源远流长，应用广泛，蕴含丰富的高校思想政治教育资源。人民调解是指在人民调解委员会的主持下，依照法律、政策及社会主义道德规范，对纠纷当事人进行说服规劝，促使彼此互谅互让，在自主自愿的情况下，达成协议，消除纷争的活动。人民调解是我国法律所确认的一种诉讼外的调解形式。它是我国社会主义法制建设中的一项伟大创举，也是我国一项具有特色的法律制度。它有自己独特的组织形式，完整的工作原则、制度、程序，严格的工作纪律，方便灵活、形式多样的工作方法，因此，许多国家把人民调解誉为"东方经验"。然而，当代中国大学生对人民调解比较陌生，高校思想政治教育工作者也较少挖掘其教育资源，借鉴其工作方法。本节将深入挖掘调解文化中的思想政治教育资源，并对其开发意义进行研究，以充分发挥其教育功能。

一、调解文化视域下高校思想政治教育资源的必要性

高校思想政治教育资源是思想政治教育赖以生存和发展的基础，它是在思想政治教育活动中，能够被教育者开发利用的、有利于实现思想政治教育目的各种要素的总和。习近平总书记十分重视将中国传统优秀文化作为思想政治教育资源的作用，提出"要认真汲取中国优秀传统文化的思想精华和道德精髓"，"努力用中华民族创造的一切精神财富来以文化人、以文育人"。调解文化不仅反映了"礼之用，和为贵"的中国传统文化，更体现了中国共产党在革命战争和社会主义建设、改革时期群众工作的艺术。不论是对思想政治理论课程教学资源的挖掘，还是对大学生日常思想工作经验的借鉴，调解文化都是高校思想政治教育资源亟待开发的一座"巨型矿山"。目前，在全面深化依法治国的大背景下，面对大学生思想政治教育的新要求，其开发的必要性日渐凸显，主要体现在以下两个方面：

（一）加强思想政治教育的文化性，实现人民调解和思想政治教育的共同目标

习近平总书记在全国高校思想政治工作会议上强调，要提升思想政治教育亲和力和针对性，满足学生成长发展的需求和期待。因此，越来越多的学者开始提倡思想政治教育的文化性，注重挖掘中国传统文化当中的思想政治教育资源，开发其价值，在培养大学生文

化自觉与文化自信的同时实现思想政治教育的目的。同时，现代思想政治教育的目的更倾向于人的全面发展与社会的和谐发展相统一，在个人思想道德素质提高的基础上追求全体社会成员的"幸福生活"，这和人民调解的工作目标存在一致性。因此，调解文化中高校思想政治教育资源的研究，既有助于加强思想政治教育的文化性，深化思想政治教育的内涵，又有助于实现人民调解和思想政治教育的共同目标。

（二）更好地传承和保护中国调解文化，培养优秀的社会主义建设者和接班人

在全球化的时代背景下，国内外形势正发生着深刻的变化。跨文化交流频繁，各种社会思潮暗流涌动，东西方价值观的冲突不可避免地对大学生的处事态度、价值取向等方面产生影响。通过开发人民调解的高校思想政治教育资源，可以更好地传承和保护中国调解文化，丰富新时代中国精神的内涵，培养有高尚的道德情操、集体观念和大局意识的社会主义建设者和接班人。

二、调解文化视域下蕴含的高校思想政治教育资源

从资源的属性上看，调解文化源远流长、经久不衰，蕴含了丰富的思想政治教育精神资源。高校思想政治教育精神资源，是相对于财物资源、时间资源等物质资源而言的，是能够被高校思想政治教育开发利用的个人、群体、社会的价值意识和心理素质等因素的总和，是一种无形的、可共享和可再生的资源，具有能动性。

（一）调解文化中蕴含的民族精神资源

中华民族的民族精神经历了五千年的历史沉淀，在各族人民长期的生产生活实践中形成了共同的价值取向、道德素养、气质品格等，成为各族人民团结统一、和谐共处的精神纽带。作为中国灿烂文明的组成部分，中国传统调解在远古部落联盟时期就已产生萌芽。西周出现"掌司万民之难而谐和之"的"调人"，是对调解最初的历史记载。春秋时期孔子的"无讼"思想及后继思想家崇尚息事宁人的"和合"思想构成了中国传统调解文化的思想基础。这一思想在民间调解、官批民调、官府调解等多种调解形式的不断实践和发展中为我们留下了丰富的民族精神资源。

1. 中华民族对理想社会的向往

儒、道、墨、法等古代的主要思想流派，作为中国传统调解文化的思想根基，虽然在"治国平天下"的理论方略上异彩纷呈，但对最终的社会理想却是传承互补的，即"天下为公"的大同社会。在这个社会中，"人法地，地法天，天法道，道法自然"，人们"讲信修睦""兼爱非攻""穷则独善其身，达则兼济天下"都能够和谐相处，人与人、人与社会、人与自然都处于一种平衡的状态。

对高校思想政治教育而言，"大同社会"在追求文明、和谐、自由、平等的理想社会模式、追求高尚的道德品质等方面和马克思主义所追求的"各尽所能，各取所需"的共产主义社会有很多契合之处，如孙中山所说，"井田之制，即均产主义之滥觞；而累世同居，

又共产主义之嚆矢"。因此，高校思想政治教育者可以借助中国传统调解文化所表达的对"大同社会"的向往，来解释近代中国知识分子接受马克思主义的原因，进而介绍以毛泽东为代表的早期共产党人是如何将大同理想与西方民主科学思想结合起来，开启寻求中华民族救亡图存之路的。此外，中华民族对理想社会的向往集中反映在"国家富强、民族振兴、人民幸福"的"中国梦"上，这是对中国传统调解文化的继承和延伸，是中华民族古往今来的价值诉求，是大学生理想信念教育、爱国主义教育的重要素材。

2．"教化为先"

"教，上所施下所效也；化，教行也"，"教行于上，则化行于下"。在中国传统调解文化中，教化一般指"上"者通过权威、模范性的行为，将自己的价值理念施于"下"者，并通过这些行为使其内在的伦理道德观念发生改变，转换为"上"者所期望的道德品质。从内容上看，教化"扇之以淳风，浸之以太和，被之以道德，示之以朴素，使百姓日迁于善"，涵盖的范围非常广泛；从形式上看，从君主的"圣谕"到乡规民约，从教民榜文到功德牌坊，从戏曲、小说到石刻、年画，教化不是单纯的知识传授，而是一种面向全体社会成员的潜移默化的道德浸润和感化，并通过最通俗的方式传播和普及。教化不仅能够提高百姓素质，化解民间纠纷，还能间接地维护社会和政权的稳定。因此，在古代受到了广泛推崇，"教化为先"成为一项重要的治国原则，并从先秦时期一直延续了下来。

"教化为先"的理念虽然体现了中国古代封建统治者巩固其统治地位的需求，但在历朝历代思想家的革新与推广和广大人民群众的普遍认同与积极践行中得到了极大的丰富和发展，并深刻地影响着当时的社会。抛开阶级局限，教化与思想政治教育在价值导向、工作方法、运行机制等方面有着一脉相承的关系，值得当代思想政治教育批判性地吸收。

综上所述，中国传统调解文化所表达的"大同社会"理想和"教化为先"理念，是高校思想政治教育弘扬和平思想、抒发家国情怀、传播道德观念、增强文化自信的重要媒介。

（二）调解文化中蕴含的红色精神资源

1．革命战争时期的人民调解及其精神资源

中国共产党成立之初，在浙江萧山、广东海丰等地探索基层政权组织的建设。1926年，通过在农会中设立"仲裁部"，中国共产党领导人民群众开始建立自己的调解制度，人民调解初具雏形。1931年，《苏维埃地方政府的暂行组织条例》颁布，人民调解进入制度化和法律化的发展道路，并在各边区、抗日根据地和解放区的实践中逐渐完善，确立了组织形式、范围以及基本原则。1954年，《人民调解委员会暂行组织通则》颁布，人民调解制度获得了明确的法律依据并在全国范围内得到了统一和确立。

在革命战争时期诞生的人民调解制度是中国共产党结合马克思主义理论对中国传统调解制度的传承与革新，它在新民主主义革命时期实现了人民调解的转型且在中华人民共和国成立后得到了全面推广和支持。至此，人民调解已从根本上区别于过去的传统调解，成为人民群众自治的新型调解。在党和人民的不断实践和改造下，一个为封建统治阶级服务的古代司法制度演变为注重人民群众利益，全心全意为人民群众化解纠纷的新制度。人们在调解和接受调解的过程中，逐渐摒弃了封建礼教的束缚，解决方式变得更加合理合法。

2. 改革开放时期的人民调解及其精神资源

从高校思想政治教育资源开发的角度看，人民调解制度的曲折发展，是马克思主义在中国共产党的领导下与中国革命、建设和改革的具体实践相结合的一个真实写照，体现了事物发展前进性与曲折性的统一，是马克思主义中国化的典型案例。通过了解人民调解的发展，可以窥探中国近现代的历史变迁，了解中国共产党自成立以来处理党同人民群众的关系、解决人民内部矛盾等方面所展现出来的工作艺术，了解群众路线的意义，体会"全心全意为人民服务"的宗旨，坚定党作为社会主义事业领导核心的信心和建设社会主义的理想信念。

（三）调解文化中蕴含的时代精神资源

人民调解虽然历经波折，但人们对这种扎根于人民群众的纠纷解决机制的探索从未停止，尤其是在建设具有中国特色社会主义现代化强国的奋斗目标下，人民调解再次迎来勃勃生机。2008年，最高人民法院确立"调解优先、调判结合"的工作原则；2011年，《中华人民共和国人民调解法》正式实施，人民调解制度实现了里程碑式的跨越，正式步入现代法制化轨道。

在这样的时代背景下，全国各地掀起了对人民调解探索与创新的高潮，枫桥经验、广安模式、山西省医疗纠纷人民调解委员会、上海人民调解李琴工作室等典型经验层出不穷，彰显了人民调解继往开来、锐意创新、开放包容、和谐共荣的时代精神。如今，人民调解进入了多元化的发展趋势，形成了网络化、行业化、专业化、社会化的人民调解新模式，在保障人民调解群众性、民主性、自治性的同时，对组织形式、运行程序、适用领域等进行了全面改革和科学完善。

对高校思想政治教育而言，人民调解在现代法制化道路上的发展，蕴含了大量的时代精神资源，具体体现在以下两个方面：第一，人民调解是经过历史和实践检验，适用于当代法治社会的一项法律制度，体现了以改革创新为核心的时代精神，既需要辩证地传承中华传统文化，还需要立足于我国改革开放和中国特色社会主义建设的具体实践；第二，人民调解是民族精神的当代体现，它吸纳了不同地域、不同民族甚至国外优秀的调解经验，展现着中华民族的品格和气质，直面当前国内外各种思潮和理论互相激荡的复杂局面，具有很强的包容性。

习近平新时代中国特色社会主义思想是新时代高校思想政治教育时代化的理论指南，赋予了高校思想政治教育新的历史使命。从纵向上看，调解文化蕴含了中华民族几千年历史发展的道德思想精髓和中国共产党领导下的中国革命、建设、改革成就，以史为镜，有助于从发展规律的角度去发现新时代高校思想政治教育的新特点，把握新趋势，展现历史大国的精神和智慧。从横向上看，调解文化深深扎根基层，在各行各业全面开花，有着取之不尽、真实生动的教学素材，有助于将单一的理论转变为生动活泼、形式多样的理论，让政治理论和道德修养真正深入人心。在调解文化视域下开展高校思想政治教育资源研究，对新时代高校思想政治教育发展产生的作用正日益凸显。

第二节　高校践行红色文化资源的内涵、重要性及其创新途径

红色文化资源作为思想政治工作的重要教育资源，它是进一步加强和改进高校思想政治工作的重要平台和载体。分析及运用红色文化资源的教育特质是思想政治教育的责任与担当。在新的历史条件下，有必要从多个角度阐释红色文化资源的内涵、重要性及其创新途径，将其融入大学生思想政治工作，并充分践行其思想政治教育功能。

中华民族是一个有着深厚红色情结的民族，因为在中国，红色是吉祥和喜庆、美丽和成功的象征。"全党要坚定道路自信、理论自信、制度自信、文化自信"，"要发扬红色资源优势，深入进行党史、军史和优良传统教育，把红色基因一代代传下去"，"要把红色资源利用好、把红色传统发扬好、把红色基因传承好"，习近平总书记关于弘扬和利用红色资源的一系列的重要论述，充分体现了红色文化资源的重要性。

把握红色文化资源的教育特质是思想政治教育的责任与担当。红色文化资源是中国特色的精神和物质资源，作为优质教育资源，在思想政治教育中具有重要意义。但高校利用红色文化资源进行思想政治教育的成效却不理想，由此可见，加强高校思想政治教育工作，教育、引导大学生坚持马克思主义理论，坚定共产主义理想和中国特色社会主义信念格外重要。

红色文化资源作为体现社会主义意识形态的重要组成部分，必然决定了其是现阶段培育和践行社会主义核心价值观的重要教育资源。在新的历史条件下，有必要从多角度来阐释红色文化资源的内涵和价值。

一、红色文化资源的内涵与形态类型

红色文化资源是红色、文化和资源三个含义的有机组合。红色文化资源根植于中国革命和建设的实践沃土，由中国共产党人先进分子和人民群众共同创造并具有丰富的革命精神和厚重的历史文化内涵，其凝聚而成的精神是中国共产党书写历史的血脉，涵盖了中国共产党的风雨历程，体现了先进的中国革命精神，是培育社会主义核心价值观的精神资源，也是思想政治教育物质和精神财富的总和。

红色文化资源的形态类型多种多样，包括革命遗址、纪念场馆、烈士公墓、遗存物品、历史文献、文艺作品等物化形态和它含有的丰富的精神文化内涵，包括承载的英雄人物、革命事迹和革命精神文化等红色革命。它是集政治资源、经济资源、文化资源、历史资源

于一体的鲜活历史教材，在政治教育、文化传承、道德示范、价值引导等方面具有重要的功能和价值。

二、高校开发利用红色文化资源的重要性

（一）能够发挥其作为社会主义意识形态的重要支柱作用

习近平总书记曾指出，"当高楼大厦在我国大地上遍地林立时，中华民族精神的大厦也应该巍然耸立"。这就必然需要大力培育和践行社会主义核心价值观，着力夯实社会主义基础。红色文化资源不仅是社会主义国家主流文化价值观的教育资源，也是中国道路、中国制度的体现，这与当前倡导和弘扬的社会主义核心价值观息息相关。高校则是意识形态领域中没有硝烟的主战场，面对新情况、新形势，红色文化资源是重要的坚盾利器，能够在弘扬和发展社会主义核心价值观的主流意识下，发挥其作为社会主义意识形态的重要支柱作用，运用其倡导的崇高思想境界和革命道德情操，激发大学生的坚强防御意识，强化和巩固大众的价值观，激励青少年树立正确的"三观"，培养浩然正气。

红色文化资源不仅是革命战争年代的先进文化，更是中华民族文化宝库中的瑰宝，是新时期在高校开展思想政治教育的理论前沿和实践平台。红色文化资源是高校开展包括爱国主义在内的思想政治教育的重要载体，也是最好的显性和隐性教育资源。因为中国的近代史就是一部艰苦卓绝的革命史，是中国共产党领导人民不畏艰难险阻、勇往直前的奋斗史。红色文化资源是党领导人民在长期的革命斗争，以及社会主义改革建设过程中形成的宝贵财富。借助各种贴近历史、贴近主题和贴近生活的题材，教师才能教育和引导大学生时刻不忘初心，牢记使命。因此，努力加强社会大众特别是高校大学生的爱国主义情感，弘扬和培育崇高的思想境界和革命道德情操，就必然需要开发利用好红色文化资源这个宝库。

（二）能够使高校在教育中大力弘扬国家、民族和人民的崇高理想与坚定信念，实现伟大中国梦的目标

习近平总书记曾指出："在五千多年文明发展中孕育的中华优秀传统文化，在党和人民伟大斗争中孕育的革命文化和社会主义先进文化，积淀着中华民族最深层的精神追求，代表着中华民族独特的精神标识。"这个论述充分阐明了高校作为精神文化的传播教育基地的重要作用。大学生是实现"两个一百年"奋斗目标和中华民族伟大复兴的中国梦的强大后备力量。充分践行红色文化资源思想政治教育功能，能够更大程度地使高校在教育中大力弘扬国家、民族和人民的崇高理想与坚定信念，在实现伟大中国梦的目标中坚持中国道路、弘扬中国精神、凝聚中国力量，为我国经济社会能又好又快发展提供强大的凝聚力和向心力。

（三）能够更大程度地发挥红色文化资源在高校教育中的有效资源力

高校作为思想意识形态的前沿阵地，有责任把红色文化资源开发好并利用好，更大程度地发挥红色文化资源在高校教育中的思想政治教育功能的有效资源力。

习近平总书记在一系列重要讲话中一再要求要讲好中国故事。当今正处于"红色故事"的再次发掘和利用的大好时期，笔者认为高校在主体方面是有能力践行红色文化资源思想政治教育功能的，主要表现为，在当前价值观多元化的背景下，社会公众更需要讲好"红色故事"，进而传承"红色故事"，而高校作为传承红色文化基因、筑牢高校意识形态的前沿阵地，既有大学生这个理解并传播红色文化资源的广泛群体，又有能够讲好"红色故事"的高层次教师队伍，因此要紧紧抓牢高校与我国优秀传统文化的关系，将红色文化资源的红色记忆和时代精神体现、展示、弘扬出来。

三、高校开发利用红色文化资源的局限性

（一）学生个体层面

大学生是高校思想政治教育的对象，红色文化资源的优势体现在高校思想政治理论课教学中，但思想政治理论课的现实困境，凸显了让大学生发挥主观能动性的重要性。实际教学经验表明，在大多数学生看来，依托思想政治理论课来发挥红色文化资源的现实表现不容乐观。因为理论化的讲解，使学生对思想政治理论课的主观印象比较空洞，并且脱离大学生的生活实际，对其成长没有实际作用，导致红色文化资源的思想政治教育功能很难凸显出来。

（二）宏观社会层面

红色文化资源是在历史中沉淀、凝聚而成的，它是以历史人物和事件为具体元素的有效教育资源。笔者认为：其一，从社会层面看，现今大学生所处的现实环境与当时革命战争时代有差异，使得特定历史时期"英雄"的举动不被部分大学生理解，导致部分大学生认为红色文化资源离生活太远，现实意义不大。其二，影视作品作为红色文化资源传播的载体之一，应当发挥对社会公众尤其是大学生的思想政治教育功能。而现今部分影视作品为了博取人们眼球，赚取流量获得经济效益，弱化了红色文化资源所带来的社会效益。

四、高校践行红色文化资源创新的途径

红色文化资源以形式多样、直观生动等特点成为高校进一步加强和改进大学生思想政治教育的重要载体和平台。高校充分践行红色文化资源创新有助于大学生在学习与实践中由亲自参与和体验到自觉主动地学习理论知识，充分发挥红色文化资源的功能。

（一）丰富红色文化资源的载体，增强高校思想政治教育的说服力

当前我国高校思想政治理论课程是对大学生进行思想政治教育的主要形式，例如在大

学期间开设"思想道德修养与法律基础""中国近现代史纲要""毛泽东思想和中国特色社会主义理论体系概论"等课程经常会出现爱国主义等相关红色文化资源的内容，但由于是统编教材，在现实中很难发挥思想政治教育的功能。

高校大学生的主流意识观念和核心价值观必须由"内化于心"发展到"外化于行"，这是高校开设思想政治理论课的必然要求。将红色文化资源引入到思想政治理论课，充分利用一些鲜活、生动的事件增加学生的感性认识。在实践教学中利用有限的资源客观地反映历史事实场景，让大学生感受其中的艰难与困苦、成功与喜悦，跨越大学生与历史对话的时空限制，将红色革命精神内化在大学生的心中，并促使其外化为个人自觉、高尚的行动。同时，高校应把红色文化资源作为思想政治理论课的教学内容，纳入理论教学与实践教学体系中，并探寻一定的范式加以实施，大力推进红色文化资源融入教材、课堂教学、实践教学中，发挥高校教师的潜能，对红色文化资源进行解析归纳和提炼总结，并制定切实可行的教学方案，建构现代化、多角度的课堂教学模式。可以根据高校所在地的实际情况开设相关的选修课，提出相应的学习要求。还可以组成各大高校的联盟，组织人员编写具有地方特色的红色文化资源内容的书刊读物，辅助学生认识和了解更多的人民奋斗的历史，增强思想政治教育的说服力。

（二）定位红色文化资源的主体，增强高校思想政治教育的亲和力

大学生不仅是社会主义事业的接班人，而且是中华民族复兴的希望。大学生正处于一个意识形态和价值观念多元化的时期，而大学期间是人生重要的发展阶段，在这个关键阶段通过发挥红色文化资源的思想政治教育功能，可帮助大学生正确认识社会责任和历史使命。在坚定理想信念方面，树立正确的世界观、人生观、价值观，促进大学生各项素质协调发展的作用日益凸显。因此，红色文化资源在高校教育资源中的地位与作用不容忽视。

（三）创新发掘红色文化资源的形式，增强高校思想政治教育的感染力

高校大学生是具有一定的学习生活阅历且具有较高的思想文化素质的群体，所以在高校思想政治教育工作中应积极创新并发掘红色文化资源的教育形式，通过网络平台的应用，更多地发挥网络多媒体优势，打造"红色文化资源"的网络世界。可鼓励大学生积极参与红色网站的建设，开展生动的网络政治教育活动，形成线上线下教育合力。同时，可以利用重大纪念日、节假日，利用学校的校学报、广播、电视等媒体加强对红色文化的传播，从而使红色文化在大学校园中随处可见，让大学生在潜移默化中受到熏陶，从而拓展红色文化资源的影响覆盖力，使红色文化资源教育功能从有限的地理空间拓展到无限的网络空间。

（四）拓展红色文化资源的基地，增强高校学生的实践能力

红色文化资源作为一种优质的教育资源，需要人们在实践的基础上，创新发掘红色文化资源的多种形式。因此，笔者认为应积极探索以"红色文化资源"为核心的实践教学方式，将红色资源用于思想政治理论课教学的同时，高校可组织大学生，在条件允许的情况

下将教育拓展到校外。同时学校也可以利用寒暑假的"三下乡"活动，派优秀学生代表去相关地区学习考察。高校在充实大学生生活、丰富校园文化活动的体制机制内，可举办大学生喜爱的活动形式，如红色读书节、红色电影节，实现红色文化资源的思想政治教育功能。同时结合时代发展，高校应当努力与一些红色基地建立并完善长期的合作关系，使之转化成思想政治教育教学实践基地并形成长效机制，努力让红色文化资源在高校的阵地上更好地发挥功能。

综上所述，红色文化资源作为一种宝贵的教育资源，不仅是历史的记忆，也是特有的财富，高校应加大对红色文化资源整合的力度，丰富红色文化资源的载体，定位红色文化资源的主体，创新发掘红色文化资源的形式，拓展红色文化资源的基地，发挥高校教育环境、教学资源等各项因素的联合作用，与时俱进地发挥红色文化资源思想政治教育功能，这是大学生的使命体现，也是高校的责任。

第四章 中国优秀传统文化与大学生思想政治教育

第一节 中国优秀传统文化对大学生思想政治
教育的影响及其价值体现

本节首先分析了中国优秀传统文化对大学生思想政治教育影响的价值体现，阐述了中国优秀传统文化在提高大学生的人文和思想道德素养、践行和培育大学生社会主义核心价值观等方面的作用，说明了中国优秀传统文化对大学生思想政治教育影响的局限性，最后全面总结了中国优秀传统文化对大学生思想政治教育影响的实践途径，旨在为大学生政治思想教育工作中传统文化的影响提供理论基础，全面提升大学生的思想道德和文化素质。

一、中国优秀传统文化对大学生思想政治教育影响的价值体现

（一）有利于提高大学生的人文和思想道德素养

人的素质是经过文化渗透和教育工作不断完善和丰富的，人文素质教育和思想道德素质教育工作是大学生思想政治教育工作中的重点，对大学生走向社会具有重要的意义。中国优秀传统文化中有许多瑰宝，大学生学习中国优秀传统文化有利于提升自身的人文和思想道德素养，提升自身修养。例如中国传统文化中的"天行健，君子以自强不息"包含了对人生的追求，体现的是一种奋勇向上、不断求索的精神，是现代人工作所缺乏的精神，所以进行传统文化教育，对即将踏入社会的大学生具有重要的引导作用，对他们职业生涯的发展具有重要的指引作用。中国优秀传统文化经过几千年的不断发展，逐渐沉淀，不断传承与创新，和现代化社会的发展与进步相互融合，能够适应社会发展的变迁，特别是在经济、政治以及文化生活中都有受到来自优秀传统文化的影响。在大学利用优秀传统文化对大学生进行思想政治教育工作，学生在潜移默化中受到优秀传统文化的熏陶，能促进自身素养的提升。

（二）有利于提高大学生思想政治教育工作的渗透力和感染力

在经济全球化的时代背景下，国外的一些思想和价值观念已经逐渐渗入到中国，对大

学生的思想产生了一些影响。中国优秀传统文化具有丰厚的底蕴,思想文化教育内容丰富,有利于促进学生思想的全面提升,可以作为大学生思想政治教育工作开展的主要文化依据。在大学生思想政治教育工作中融入优秀传统文化,使教育工作更具有说服力,提升教育工作的感染力。例如,大学生在接受爱国主义教育时,教师在其中增加对优秀传统文化德育工作内容的学习,并且在学生的生活和情感中注入优秀传统文化,让优秀传统文化的影响更加具有说服力。在思想教育工作中融入优秀传统文化,也会提高思想政治教育工作的成效,学生在优秀传统文化的影响下受到更好的文化传承和品德教育,能促使大学生思想政治教育渗透力的提升。

（三）有利于培育和践行大学生社会主义核心价值观

大学是学生接受文化和学习知识的重要场所,对当代大学生进行社会主义核心价值观教育是一项基本的任务,在大学生思想政治教育工作中融入中国优秀传统文化,对德育工作的深度内涵施行深度挖掘,有利于培养大学生的爱国情怀。对大学生开展教育是一项重要的工作任务,优秀传统文化的融入使思想政治教育工作更具效果。例如"天下兴亡,匹夫有责""己欲立而立人,己欲达而达人""言必诚信,行必中正"等优秀传统文化,能够体现爱国、诚信、仁爱、友善的思想品德,对大学生未来的发展具有重要的意义,有利于大学生树立社会主义核心价值观,大学生社会主义核心价值观一旦形成,对社会主义先进文化的建立与完善具有重要的意义。

二、中国优秀传统文化对大学生思想政治教育影响的局限性

（一）教育主体没有充分认识优秀传统文化

教育工作的主体主要是教育者和教育对象,但是在目前的大学生思想政治教育工作中,教育主体没有充分认识优秀传统文化。对教育者来讲,只有自己在全面认识优秀传统文化之后,才能将自己理解的优秀传统文化融入思想政治教育工作中。但是在目前,很多思想政治教育工作者对优秀传统文化的思想达不到精准把握,导致大学生思想政治教育工作对优秀传统文化的利用比较少。教育工作者是大学生实现思想文化提升的主要指引者和教导者,在对大学生的思想培养方式上具有关键的作用。因此,只有经过专业训练之后的思想政治教育工作者才能在大学生思想政治教育工作中发挥优秀传统文化的效用。

对教育对象来讲,主要是教育对象自身没有充分认识优秀传统文化,在接受思想文化的教育工作中没有重视,特别是在目前全球化的背景下,很多大学生的思想受到来自西方文化的冲击,大学生对中国优秀传统文化的认识很少,反而对西方传统文化憧憬和向往。另外,很多大学生在接受思想教育的过程中,比较缺少主动性,被动地接受知识,并不能对自身文化素养的提升起到很好的作用。在接受思想道德教育中,需要学生主动去学习,能够认识到优秀传统文化的作用。

（二）思想政治教育和优秀传统文化融合度较低

世界观教育、人生观教育、法制观教育、道德观教育以及政治观教育是目前对大学生进行思想政治教育工作的几个方面，但是就目前的大学生思想政治教育工作而言，和优秀传统文化思想政治教育工作之间的融合程度还比较低。一方面，优秀传统文化在大学生思想政治教育工作中的融合程度范围比较小，没有实现广泛结合。只有一小部分的中国优秀传统文化融入了大学生的思想政治教育内容中。目前大学生思想政治教育工作融入优秀传统文化主要是朴素辩证思维和爱国主义，但是对优秀传统文化中的法治观念和政治观念却很少涉及。另一方面，大学生思想政治教育工作和优秀传统文化之间的融合度较低，大学在进行思想政治教育的工作中，所有的教学素材由学校统一发放，学生接受的思想政治教育也全部来自课本，但是课本知识相对来讲是比较有限的，对于优秀传统文化的挖掘深度远远不够。

（三）优秀传统文化渗透方式单一

教育工作者是大学生思想政治教育的传播主体，但是在目前的大学生思想政治教育工作中，教育工作者在对大学生进行思想政治教育时，很多都只是为了完成教育任务，因此在教育方式上比较单一，选择的是传统的授课方式，学生只是被动地接受老师所讲的内容，不能实现很好地运用，导致思想政治教育的目的不能完全实现。教育方式在大学生思想政治教育工作中具有重要的意义，理论灌输是目前大学对大学生进行思想政治教育的主要方式，在思想政治教育内容中融入一定的优秀传统文化，对学生施行知识灌输式教学，这种教学方式比较注重理论，具有说教的特点，但是这样的教学方式没有任何思维趣味性，会导致大学生的学习积极性和主动性丧失，导致学生根本不能融入思想政治教育的学习中，这种教育方式不会对学生的思想观念产生影响。也有一些高校改变了教育方式，如带领学生参观历史古迹、进行公益劳动、组织社会服务，但是因为对这些活动没有实行有效的系统化管理，也没有实现常态化的教学模式，所以对大学生思想教育的影响作用比较小，产生的影响具有暂时性的缺点，甚至很多实践活动的开展并没有实现与优秀传统文化的有效结合，优秀传统文化在思想政治教育工作中的重要作用也就不能得到体现。

三、中国优秀传统文化对大学生思想政治教育影响的实践途径

（一）在课堂教学中融入中国优秀传统文化

思想政治教育课程是大学生接受思想文化知识的重要途径，大学生在学习的过程中会树立自己的世界观、价值观和人生观，所以在大学生思想政治教育工作的课堂中要引入中国优秀传统文化，提高大学生思想政治文化的感染力和渗透力，这对于大学生的成长和发展具有重要的意义。

首先，要加强对大学生思想政治教育工作者的理论课程培训工作，在进行相关专业知

识培训的过程中，同时要加强优秀传统文化知识的培训，保证思想政治教育工作者自身能够掌握丰富的优秀传统文化知识，以便在思想政治教育工作中灵活运用优秀传统文化知识。思想政治教育工作者自身应该主动学习优秀传统文化，自觉践行社会主义核心价值观，只有教育工作者自身做到有坚定的理想信念、务实的工作态度以及高尚的人格，才能在潜移默化中对学生的思想和情感产生影响。

大学生思想政治教育工作离不开优秀传统文化的支持，在进行大学生思想政治教育的过程中，要不断挖掘优秀传统文化的深层次内涵，在思想政治教育中丰富课堂文化内容，为大学生提供充足的学习资料，营造一个良好的学习氛围。例如，在对大学生进行世界观教育的工作中，应该对道家的朴素辩证思想加以说明，让学生能够运用辩证的思维去看待事情和解决问题。我国传统的思想教育中，不同的派别之间有不同的观点，但是大致的方向是一致的，在现代思想政治教育工作中，要加强对儒家文化的深度挖掘和利用，提高大学生的社会责任感和使命感。

（二）在大学生思想教育实践活动中融入中国优秀传统文化

一方面可以以中国的传统节日为契机，例如，在清明节可以组织大学生参加缅怀革命先烈的活动，培养学生的爱国主义情怀；在教师节，组织学生开展尊师重道的实践活动，让大学生在掌握优秀传统文化的基础上，加强对优秀传统文化的深层次理解，培养学生的道德情操，提高大学生的社会责任感。

另一方面，在进行思想政治教育的工作中，也可以利用文化基地作为实践活动开展的场所，在传统文化资源所属地，对文化资源进行参观展览，让大学生有身临其境之感，提高学生参与思想政治学习的主动性。

（三）在大学校园网络中融入中国优秀传统文化

随着互联网时代的到来，网络已经成为大学生接收信息的主要来源，网络对大学生的生活和学习产生的影响非常明显。因此，为了提高大学生思想政治学习的主动性和常态化，要利用网络进行思想政治文化的教育工作。在学校的官方网站中开设本校优秀传统文化的教育专栏。同时，还可以利用学校的官方微博和微信公众号进行优秀传统文化知识的传播，在大学校园网络中融入中国优秀传统文化，为大学生营造一个学习优秀传统文化知识的氛围。其次，还可以在网站中制作优秀传统文化传播网络课程视频，网络视频能够将文字、图像、声音以及动作集于一体，比较直观形象地展现给大学生，在这种快速发展的社会背景下，将这种网络课程视频放到校园网络中，通过各种途径进行传播，给大学生一个最直观的视觉感受，促进大学生思想政治学习的主动性。

综上所述，中国优秀传统文化在整个大学生思想政治教育工作中具有重要的意义，中国优秀传统文化是中国文化的瑰宝，经过历史的沉淀，已经发展演变成为和社会时代发展步伐相契合的文化体现，并且经过几千年的传承与发展，还能经久不衰，这也足以说明优秀传统文化的力量是无穷的。因此，在进行大学生思想政治教育的过程中，要全面开展对优秀传统文化的传播，以不同的形式将优秀传统文化融入大学生思想政治教育工作中，为全面提升大学生的政治思想素养和文化素养打下坚实的基础。

第二节　中国优秀传统文化在大学生思想政治教育中的应用

中国优秀传统文化在当代仍具有重要的意义和价值，仍是高校思想政治教育工作非常重要的思想资源和指导方法。所以，高校思想政治教育工作者要继承、发展、创新中国优秀传统文化，使其能继续发扬光大。本节探讨了中国优秀传统文化在大学生思想政治教育中的应用。

一、中国优秀传统文化融入大学生思想政治教育的意义

中国优秀传统文化是中华文明成果的历史传承，是以儒家、道家文化等为主体的文化相互融通而形成的体系，它包括文字、思想、语言、民俗、节日、六艺、书法、曲艺等，它既是民族历史的道德传承，又是华夏文化观念的结合体。优秀传统文化具有博大精深、历史悠久、世代相传等特质，同时它还具有丰富的思想政治教育资源，例如传统文化中蕴含着"治国平天下"的爱国精神、"厚德载物"的兼容精神、"刚健有为，自强不息"的进取精神、"仁义正直，耻辱自知"的人格精神、"言行一致"的诚信精神、"天人合一"的和谐大同精神等。这些优秀传统文化思想在思想政治教育中的运用有助于激发大学生的爱国主义情感；有助于提升大学生的道德素质；有助于增强大学生的民族自尊心和使命感；有助于大学生树立正确的世界观、人生观、价值观；有助于高校校园形成良好的道德环境等。国内学者已经逐渐认识到中国优秀传统文化是思想政治教育不可或缺的资源，应该有效地融合与传承。

二、中国优秀传统文化在大学生思想政治教育中的应用

（一）丰富课堂教学内容，强化中国优秀传统文化的教育作用

开设专门的中国优秀传统文化讲解课程等专题课程，通过引入优秀传统文化故事、名人警句、人物传记，帮助学生了解历史文化的来龙去脉，结合实际了解传统文化的精髓，分析现实中热点的道德问题，促进学生之间对优秀传统文化进行讨论。

让学生成为课堂的主人，让学生对中国优秀传统文化进行讲解。中国优秀传统文化中的人物、故事、历史渊源容易引起学生的兴趣，引导他们寻找合适的素材，讲解耳熟能详的道理，体现学生学习的价值，使之更深刻认识到思想理念的正确性，并自觉进行实践。

开设和中国优秀传统文化相关的第二课堂，让学生体会到优秀传统文化的魅力。例如，

可以在第二课堂举办中国传统服饰发布会，让学生领略中国的服饰文化；举办猜灯谜、做灯笼的活动，领略不同节日的特色；端午节举办包粽子的活动，使学生亲身感受传统节日与美食的乐趣。这样既可以激发学生的兴趣，又可以使学生理解知识的内涵与实质，更容易在现实中运用。

（二）开展中国优秀传统文化教育的社会实践

社会实践活动是加强和改进大学生思想政治教育的有效方式，是高校人才培养的第三课堂，是开展中国优秀传统文化教育的重要阵地。在社会实践活动中，一是建立优秀传统文化教育基地，加强与红色教育基地、地方博物馆、书画展览馆、历史文化遗迹保护单位的联系，通过参观、考察、调研等方式使学生获得生动的、形象的、直观的情感体验，将中国优秀传统文化的思想内涵和道德品质渗透到大学生的心灵深处，在社会实践中进一步加深其对中国优秀传统文化精神内涵的深刻理解；二是创新社会实践形式，将中国优秀传统文化教育融入社会实践中，如组织学生开展以中国优秀传统文化为主题的支教活动，向贫困山区的孩子宣讲中国优秀传统文化的知识，在传承中国优秀传统文化的同时达到学以致用的效果，在实践中将中国优秀传统文化的精神内化于心，外化于行。

（三）将中国优秀传统文化与高校校园文化建设相结合

校园文化氛围可以直接影响学生的学习兴趣和学术水平，因此，营造良好的校园文化氛围对高校来说是至关重要的。中国优秀传统文化教育应该与校园文化建设相结合，通过传承中国优秀传统文化的校园氛围来培养学生的学习兴趣，提高学生的道德文化修养，实现中国优秀传统文化在大学生思想政治教育中的价值。首先，高校应转变观念，提升对中国优秀传统文化教育的重视程度，充分认识到育人应以德育为先的理念。其次，高校应以校园环境为载体融入中国优秀传统文化的元素中，比如校园建筑、标志性景观、宣传走廊、人物雕塑等都可以融入中国优秀传统文化的元素，使学生随时随地能够得到中国优秀传统文化的滋养。最后，积极开展以中国优秀传统文化为内涵的团学活动，举办校园文化节，开展以优秀传统文化为主题的教育活动，同时利用校园广播、校园电视台、校园报纸等媒体的导向作用，最大限度地在校园中营造学习中国优秀传统文化的良好氛围。

（四）积极通过网络平台，实现中国优秀传统文化宣传的全覆盖

校园网络平台是学生获取学校信息的重要途径。可以利用校园网络平台发布一些优秀经典书籍、诗歌，让学生有评价的渠道，起到相互教育的目的。还可以刊登一些中国优秀传统文化的小故事，召集学生表演并发布在校园网上，引起他们的兴趣和共鸣，通过热烈讨论，实现中国优秀传统文化的教育目的。

总之，中华文化源远流长，积淀着中华民族最深层的精神追求，代表着中华民族独特的精神标识，蕴含着丰富的思想道德资源。将中国优秀传统文化融入大学生思想政治教育，不忘根本、古为今用、推陈出新，有鉴别地加以对待，有甄别地予以继承，以文化人、以文育人，使中国优秀传统文化真正成为社会进步、民族复兴的宝贵精神财富。

第三节　中国优秀传统文化与大学生思想政治教育的融合

中华民族的传统文化经过数千年的洗礼后，形成了源远流长、博大精深的文化体系，对促进高校大学生形成正确的思想价值观和健康发展起重要作用。将中国优秀传统文化融入大学生思想政治教育工作中，能有效促进大学生的思想认识水平逐步提高，确保大学生形成正确的思想观念。高校应合理利用我国优秀传统文化，将其融入大学生思想政治教育工作中。在思想政治教育中，依托中国优秀传统文化，促进大学生全面健康发展，从而为我国培养更多优秀的人才，发挥出我国优秀传统文化的育人功能。

一、中国优秀传统文化融入大学生思想政治教育的意义

在经济全球化高速发展的时代，一些人逐渐追求实用主义。有的学生认为，上大学的根本目的是找一份好工作，所以上大学最重要的是学好专业知识，学好优秀传统文化知识不是很重要。可见，现在大学生对中国优秀传统文化的认知差距大，没有真正充分理解我国优秀传统文化的重要性。有的大学生对中国优秀传统文化兴趣不大，喜欢标新立异，容易受不良思想影响。有的大学生喜欢过洋节，比如情人节，对中国的七夕节却不了解；喜欢肯德基和麦当劳等食品；追求国外嘻哈、摇滚音乐，对中国古典音乐不了解；在娱乐文化的渗透上，有些学生每天追星、追好莱坞大片等。一些大学生把课余时间用在娱乐上，浪费了时间和精力，也浪费了金钱，甚至玩物丧志。因此，加强中国优秀传统文化的课堂教育势在必行。

帮助大学生树立正确的世界观、人生观、价值观。中国传统文化源远流长、博大精深，学习和掌握其中的思想精华，对大学生树立正确的世界观、人生观、价值观很有益处。目前，西方不良思想对大学生的"三观"产生了一定的负面影响。习近平总书记在全国高校思想政治工作会议上指出，"要坚持把立德树人作为中心环节，把思想政治工作贯穿教育教学全过程，实现全程育人、全方位育人，努力开创我国高等教育事业发展新局面"。所以，深刻理解习近平总书记关于高校思想政治教育工作的系列重要讲话，深入贯彻落实讲话精神，寻求更多路径，将我国优秀传统文化有效地融入当代大学生思想政治教育工作中，使其体现出应有的价值。青年时期是形成正确的世界观、人生观、价值观的关键阶段，也是思想政治教育介入的最佳时期。在这个时期，将中国优秀传统文化植入大学生思想政治教育工作中具有很强的现实意义，不但能使大学生更充分、全面地了解中国优秀传统文化，而且还可以长久地影响大学生的思想认知，有利于大学生身心健康成长。中国优秀传统文化对大学生的影响是全方位的，对大学生形成正确世界观、人生观和价值观有极其深远的意义。

提升学生的综合素质，塑造健全人格。人格是人类独有的，不是一成不变的，它会随着环境和人生的际遇发生改变。人格具有可塑性，可以依靠优秀的文化铺垫作支撑，培养和发展健全人格。传统文化是中华民族的根，是人文精神的底蕴，是塑造中华魂的优秀素材，对培养学生的综合素质，使其形成健全的人格具有无可替代的作用。高校大学生思想政治教育工作将优秀传统文化有效融入，从而帮助大学生树立勤劳、果敢、坚毅等健全人格。当下，大学生在日常学习中不仅要重视专业技能，更要关注精神追求，将优秀传统文化合理、有效地融入大学校园，融入大学生思想政治教育工作中，充分发挥我国优秀传统文化的教育意义，对于促进大学生身心全面健康发展，对于高校培养更多优秀人才意义重大。

思想政治教学内容的底蕴变得更深厚。中国优秀传统文化异彩纷呈，诗歌、书法、戏曲、绘画等包含了丰富的文化内容，具有深厚的育人功能，是德育文化的精髓。这些内容可以陶冶大学生的情操，有利于全面提高大学生的综合素质，使其人文素养更上一个高度。这些优秀的文化是中华民族几千年的传承，其璀璨的内容对人们来说有着强大的吸引力。把中国优秀传统文化充分融入大学生思想政治教育中，能大大激发大学生对传统文化的热情。大学生们把这些优秀的传统文化内化于心，成为长期影响自身言行举止的信念，能让大学生在不知不觉中接受教育，从而取得良好的工作成效。

二、中国优秀传统文化融入大学生思想政治教育工作的实践路径

优秀传统文化进课堂。课堂教学依然是高校理论课程体系的重要形式，在培育大学生思想的过程中，应融入我国优秀传统文化的课程内容，不断探索和完善教学方式方法，以学生喜闻乐见的形式促进优秀传统文化与大学生思想政治教育工作的融合教学。

高校在开展思想政治课程时，应加大优秀传统文化在课程中所占的比重。首先，高校可以设置一门着重宣传中国优秀传统文化的思政必修课，在这个课程中不断改革和创新传统文化教学，以此提高大学生对中国优秀传统文化的重视程度。其次，高校可以定期举办有关中国优秀传统文化宣传的讲座或者开展交流大会和民俗活动，在活动中除了本校教师外也可从社会聘请优秀的文化学者和民俗专家，为大学生进行讲解和示范，使大学生发自内心喜爱中国优秀传统文化。

借助信息化手段，宣传中国优秀传统文化。随着互联网技术高速发展，信息数字化时代到来。高校应利用科技手段，充分发挥互联网技术与网络平台宣传中国优秀传统文化，利用微博、公众号等手段构建校园思政教育平台，深入挖掘其教育功能和社会服务功能。对于网络上某些诋毁中国传统文化的不实言论，要及时予以澄清，加强对网络舆论的正面引导，着力开发互联网作为大学生思想政治教育的重要工具，将思想政治教育工作开展得更好。

发挥高校辅导员的引领作用。高校思想政治教育的骨干力量是辅导员，他们是大学生

接触最多的人，是大学生思想上的引路人，始终站在大学生思想政治教育最前线，这就要求高校辅导员做到身正为范。充分学习马列主义、毛泽东思想和中国特色社会主义理论，时刻和党中央保持一致。在大学生思想教育过程中，充分发挥自身的资源优势和情感优势，引领大学生对中国优秀传统文化感兴趣，使其产生民族自豪感，才能有效将中国优秀传统文化融入大学生思想政治教育中。

三、中国优秀传统文化与大学生思想政治教育融合的原则

党的十八大以来，以习近平同志为核心的党中央高度重视中国优秀传统文化的历史传承与发展，强调中国优秀传统文化是"中华民族的基因""民族文化血脉"和"中华民族的精神命脉"。中国优秀传统文化是大学生思想政治教育极为丰厚的资源，高校思想政治教育要以中国优秀传统文化为依托，努力探寻中国优秀传统文化与大学生思想政治教育融合的方针政策，从而提升大学生的思想道德素质。

中国优秀传统文化与大学生思想政治教育的融合，在不同的历史发展阶段，其主题、内容与形式都有着不同的特点。推动中国优秀传统文化与大学生思想政治教育的融合，一方面需要辩证分析，需要理性精神，在大力弘扬中国优秀传统文化的同时也要赋予其新的时代内涵；另一方面两者的融合也是一项系统工程，要坚持顶层设计，形成多元互动、上下联动、左右协同的生态系统。

（一）坚持辩证分析和理性精神

第一，要以科学的态度对待中国优秀传统文化，坚持"马学"为体，"国学"为用。中国优秀传统文化是中华民族的根与魂，如果抛弃传统、丢掉根本，中华民族就失去了在多元交融的世界文明中赖以生存的基础。马克思主义学说是关于无产阶级和全人类解放的学说，其社会理想、价值追求与思考方式与中国优秀传统文化有极为相似的地方，如社会主义思想与儒家的"天下大同"、辩证唯物主义与道家的朴素辩证唯物主义观等。坚持"马学"为体，就是坚持中国特色社会主义道路自信；就是要以马克思主义学说为指导，对中国优秀传统文化去粗取精；就是坚持马克思主义学说与中国优秀传统文化的融合，增强大学生对马克思主义学说的深刻理解。坚持"国学"为用，就是始终从中华民族最深沉精神追求的深度看待优秀传统文化，从国家战略资源的高度继承优秀传统文化，从推动中华民族现代化进程的角度创新发展优秀传统文化，赋予中国优秀传统文化最深刻的历史意义。

第二，对中国优秀传统文化既要善于传承，更要善于创新。习近平总书记在讲话中提出，要"以古人之规矩，开自己之生面"，实现中国文化的创造性转化和创新性发展。中国优秀传统文化是中华儿女在五千年的上下求索、艰苦奋斗中确定理想和信念，在封建社会寄托着"少有所长、壮有所用、老有所终"的美好愿景；在近代社会是救国存亡的真实写照；在当代是中华民族伟大复兴的中国梦的根本性力量。对此，我们要认真汲取中国优

秀传统文化的思想精华和道德精髓，大力传承，使之在新时期绽放更加耀眼的光芒。同时，习近平总书记也指出，"不忘本来才能开辟未来，善于继承才能更好创新。对历史文化特别是先人传承下来的价值理念和道德规范，要坚持古为今用、推陈出新。"对此，我们要创造性地发展中国优秀传统文化，结合新的实践和时代要求努力实现中国优秀传统文化对社会主义建设的促进功能和现实价值。

（二）弘扬民族精神和传统美德

第一，要大力弘扬民族精神。中国优秀传统文化源远流长、博大精深，蕴含着丰富的思想道德资源。概括起来大致有："地势坤，君子以厚德载物"的理解包容精神；有"人法地，地法天，天法道，道法自然"的朴素辩证思想；"上善若水，水善利万物而不争，处众人之所恶，故几于道"的奉献精神；"君子和而不同，小人同而不和"的尚和精神；"君子学以致其道"的务实精神。在大学生思想政治教育中大力弘扬民族精神对大学生树立正确的世界观、人生观、价值观具有极为重要的作用。

第二，要大力弘扬传统美德。中华民族传统美德是中华民族在历史发展中形成的、至今仍然具有强大生命力的优秀道德理论、道德规范和道德行为的总和。中华民族传统美德的核心与主流大致可以概括为以下几种："大道之行也，天下为公"的以国家、民族、整体利益为上的"公而忘私"美德；"孝悌也者，其为仁之本与"的百善孝为先的"孝悌"美德；"己所不欲勿施于人"的"忠恕"之德；"人而无信，不知其可也"的"诚信"美德；"何谓四维。一曰礼，二曰义，三曰廉，四曰耻"的廉俭美德。习近平同志指出："中华民族传统美德是中华文化的精髓，蕴含着丰富的思想道德资源。"中华民族传统美德所蕴含的爱国情怀、担当意识、孝悌忠信思想、荣辱价值观念是培育和践行社会主义核心价值观独特的文化依托和文化优势，是大学生思想政治教育的应有之义。

（三）古为今用，彰显时代价值

五千年的积淀与传承使中国优秀传统文化有着鲜明的两重性与矛盾性，其中，既有民主性的精华，又有封建性的糟粕；既有积极、进步、革新的一面，又有消极、保守、落后的一面，在一些情况下，精华与糟粕紧密结合，良莠不齐，瑕瑜互见。在大学生思想政治教育中融入中国优秀传统文化要坚持古为今用，彰显时代价值，并在认知和实践过程中前行。

第一，在大学生思想政治教育中融入中国优秀传统文化要推陈出新，要赋予时代新意。因为受时代条件、社会认知等因素的制约，中国优秀传统文化中的很多思想观念和道德规范不可避免具有一些陈旧或者封建性的东西，如范仲淹的千古名句"先天下之忧而忧，后天下之乐而乐"，范仲淹作为士大夫，他看到的"天下"是"赵王朝的天下"，不可否认具有维护封建统治阶级私利、抹杀阶级矛盾的消极思想，但是他的"天下"也可以是"整个中华民族"，也可以理解成为国家、为民族的命运、福祉而忧愁的思想。在大学生思想政治教育中融入中国优秀传统文化，应该要厚古厚今，厚古之资源，厚今之所用，要对中国优秀传统文化创造性地发展和运用，以今用为本，赋予中国优秀传统文化时代新意、时代价值。

第二，在大学生思想政治教育中融入中国优秀传统文化要与培育和践行社会主义核心价值观结合起来。首先，在大学生思想政治教育中融入中国优秀传统文化一个重要目的就是用其滋养社会主义核心价值观，社会主义核心价值观的主体内容大都可以在中国优秀传统文化中找到其文化基因，故中国优秀传统文化是培育社会主义核心价值观的重要资源。其次，中国优秀传统文化经过五千年的积淀和传承，对中华民族的思想方式和行为方式有着潜移默化的影响，将大学生思想政治教育植根于中国优秀传统文化的厚实土壤中，可以让大学生思想政治教育更易理解和被接受，增强大学生思想政治教育的实效性。最后，以中国优秀传统文化滋养社会主义核心价值观，要推进大学生思想政治教育载体、方式、手段的创新。在载体上要凸显新媒体、新技术的发展趋势，使传播路径更加多元化；在方法上，要运用大学生更加喜闻乐见的形式，将优秀传统文化教育融入生活、行为方式和习惯；要充分发挥课堂主渠道作用，优化完善课程体系与教材体系建设。

（四）构建多维互动的融合机制

第一，课堂教学主导。一方面思想政治课是中国优秀传统文化融入大学生思想政治教育的主要渠道和重要载体。将中国优秀传统文化融入大学生思想政治教育课，要在教学方法和教学内容上进行大胆的探索与尝试，方法上可以融入线上线下的学生实践活动，在知行合一中提升大学生思想政治教育的育人效果，内容上要以生动活泼的形式向学生展示中国优秀传统文化、红色文化，增强学生的民族凝聚力和民族自豪感，提升大学生思想政治教育的思想感染力、精神震撼力，激发学生的民族认同感、社会主义认同感。另一方面体现课程思政在中国优秀传统文化融入大学生思想政治教育的独特优势，任何一门课程都蕴藏着丰富的德育资源，科学有效地发掘这些资源并以中国优秀传统文化进行话语包装和内容设计是发挥专业课隐性思想政治教育的关键，这不仅可以丰富专业教学的内容，也可使思想政治教育因素更具深度。

第二，社团活动引导。在大学生思想政治教育中融入中国优秀传统文化既要依托第一课堂的教学组织优势，也要注重发挥第二课堂—社团活动的组织优势。以校园精神文化建设、大学生思想教育为项目载体，融入专业特色、融入优秀传统文化元素，广泛开展以中国优秀传统文化为主题的系列社团活动。比如借鉴中央电视台的《汉字听写大会》《中华诗词大会》等节目，主动采用学生喜欢的话语体系，设计一些与中国优秀传统文化相通的文艺节目。

第三，媒体宣传倡导。随着新媒体发展与成熟，大学生思想政治教育融入中国优秀传统文化要综合运用新媒体平台，增强其吸引力和时代感。一方面要注重内容为主的原则，中国优秀传统文化包罗万千，大学生思想政治教育覆盖广泛，要以两者的融合为基础来筛选平台的内容，同时在教育引导上要具体明确，要围绕中心、重点突出、强势回应，让其内容入脑入心。另一方面要注重媒体融合原则，在宣传创导的过程中，我们在重视运用新媒体的同时，也要注重发挥传统媒体的作用。传统媒体直观、具体，比如条幅、橱窗、墙壁标语，这些随处可见的媒介在宣传创导过程具有的重要作用是无可替代的，要把新媒体和传统媒体紧密融合起来，以更加立体、多元的形式在大学生思想政治教育过程中融入中国优秀传统文化。

第四，学问研究倡导。在大学生思想政治教育中融入中国优秀传统文化重点在于推动中国优秀传统文化占领大学生思想文化的高地，首要条件是增进大学生对中国优秀传统文化的认知与了解。一方面，近代以来，随着相关学者的呼吁与倡导，传统文化热不断升温，"文化复兴""文化自信""文化传承"等热点话题的出现，既是中国经济长足发展，扩大国家影响力的需要，也是大众精神生活发展的需要，同时以习近平同志为核心的党中央也高度重视中国优秀传统文化的传承与发展。对此，高校要充分利用学术资源优势，开设"国学"课程、开展传统文化专题讲座、编撰传统文化书籍等，营造优秀传统文化的学习氛围，改善优秀传统文化的学习条件，满足优秀传统文化的学习需求。

综上所述，中国优秀传统文化有诸多途径可以融入大学生思想政治教育工作。我们需要开展多种形式的实践活动，将中国优秀传统文化融入生活、融入实践。在今后的工作中，高校不仅需要加强师资队伍建设，还要寻求各种途径，以新颖的教育形式获得大学生的支持，使之参与其中，为学生学习、传承传统文化奠定坚实的基础。

第五章　新媒体与大学生思想政治教育

第一节　新媒体的内涵及其在大学生群体中的应用分析

一、新媒体的内涵

准确把握新媒体的内涵，清楚认识新媒体在大学生群体中的应用特征，有利于我们深入全面地分析新媒体环境对大学生网络思想政治教育产生的影响。同时，这也是思考新媒体环境下如何创新大学生网络思想政治教育工作的前提和基础。

新媒体是相对于报刊、广播、电视等传统媒体而言的。当然，人们对于新媒体和传统媒体的划分，也不是固定不变的，会随着互联网和信息技术的进步而变化。所以，从长远来看，新媒体是一个随着时代发展而不断发展的概念，它的内涵必然也会随着时代进步而不断更新。

对于新媒体的内涵，众多学者都进行了相应的界定和分析。其中，张建颖认为，"新媒体是通过广泛运用数字技术，实现人际多向互动的新型传播方式和媒体形态"。张亮等人则认为，新媒体是指"在科学技术发展的推动下，信息传播领域内通过广泛应用数字技术，实现由所有人面向所有人交互地传播信息的新兴媒体"。张朱博指出，"新媒体技术方面的数字化和传播方面交互化使新媒体有了源源不断的发展动力"。笔者认为，新媒体就是当前社会以互联网为载体的一种最新的传播媒介，它的"新"主要体现在传播方式上，它利用数字技术和网络技术，通过互联网、手机、数字电视等媒介传播多种可视化信息。

二、新媒体在大学生群体中的应用分析

相对于传统媒体而言，当前社会新媒体的主要表现形式为手机媒体、网络、数字电视等。在大学生群体中，运用新媒体的主要形式是手机和网络。每个大学生都拥有属于自己的手机媒体和网络媒体，他们热衷于运用这些新媒体来了解外部世界。比如，常常更新微博、朋友圈的状态，阅读时事新闻等，已经成为大学生日常生活状态的一个组成部分。由于大学生对于新媒体有着极大的热情，网络上新推出的各种软件往往成为大学生狂热、追捧的对象。

第一，新媒体在大学生群体中具有较高的普及率。随着信息技术的更新，电子产品更新换代加速，其价格也比以往下降很多，满足了人们对于电子产品的需求，尤其是手机这种电子产品，在大学生群体中已经得到普及。在此背景下，高校也常常通过新媒体来管理学生、发布信息、获得学生的反馈等。

第二，给大学生的日常生活、学习带来便利。网络新媒体的出现，进一步扩大了大学生了解外部信息和发布、共享信息的渠道。在大学生群体内部，通常也会形成对比，比如谁能够更快速地掌握第一手信息资料分享给大家，谁能够更快速地搜索大家所关注的社会热点或时事等，满足了大学生时时刻刻使用新媒体的需求。

第三，热衷于在网络媒体平台进行互动交流。新媒体本身就具有交互性的特点，是信息发布者或传播者与受众之间在网络媒体平台进行交流互动的过程，能够满足大学生群体在倾诉、表达、娱乐等方面的需求。他们既可以成为信息的发布者、传播者，也可以成为信息的接收者、获得者。他们可以通过新媒体随时随地去接触网络媒介信息，并开展一定的交流互动来展示自己。

第二节　新媒体环境下大学生思想政治教育的机遇与挑战

新媒体是相对于传统媒体而言，继广播、电视、报刊等传统媒体后形成的媒体形态，是应用移动互联技术。通过手机、电脑等终端，随时随地向用户提供信息服务的媒体形态。新媒体又被称为数字化媒体。随着网络信息技术的迅速发展，大学生思想政治教育面临的时代背景以及当代大学生的生活、认知乃至思维方式均发生着巨大变化。基于新媒体环境的背景下，重视大学生的思想政治教育，彰显社会主义核心价值观和社会主流观念，使大学生能够自觉抵制网络新媒体领域的不良信息，不断推进大学生思想政治教育理论和实践的新发展。

一、新媒体环境下大学生思想政治教育的机遇

基于新媒体深刻改变着社会生产生活的传统模式，同时也给当前大学生思想政治教育带来前所未有的机遇，主要表现在以下几个方面：

1.新媒体的发展突破了大学生思想政治教育的时空限制

新媒体技术的普遍应用，特别是以智能手机为代表的新媒体终端设备的普及化，使人与人之间的交流和沟通可以突破时空维度的限制。在这一背景下，大学生思想政治教育工作不再受限于课堂教学这一时间和空间维度，从而为大学生思想政治教育提供了发展机遇。

2.新媒体的发展拓宽了大学生思想政治教育的手段

基于新媒体环境下，大学师生和生生交流更为便捷，因此，高校思想政治教育工作者可以及时了解大学生的思想动向，并采取有针对性的教育方式调整教育内容，同时也可以利用新媒体技术手段开展思想政治教育，增强教育的吸引力，激发学生的学习兴趣。

3.新媒体的发展增强了大学生思想政治教育的效果

在新媒体的背景下，大学生思想政治教育彻底改变了传统的教育模式，正以更丰富的内容和更为多元化的手段深入进行，这在相当程度上改变了大学生对思想政治教育简单、枯燥的负面看法，促使学生以积极的心态接受思想政治教育，显著提高大学生思想政治教育的效果。

二、新媒体环境下大学生思想政治教育面临的挑战

新媒体的发展对大学生思想政治教育不仅存在有利的一面，同时也面临着诸多挑战，主要表现在以下几个方面：

1.新媒体的发展对大学生思想政治教育主体提出了更高的要求

第一，在新媒体环境下，大学生获取各种信息的渠道日益增多，信息量也急剧增加，这必然导致高校在大学生思想政治教育层面上的信息优势日渐丧失，如果这种情况得不到有效改变，教育主体的权威将会面临严重挑战。第二，部分教育主体思想观念陈旧，运用新媒体的意识和能力不足，这必将会影响新媒体在大学生思想政治教育领域作用和价值的发挥。

2.新媒体的发展给大学生思想政治教育的媒介要素提出了新的要求

在教育方法方面，传统媒体时代的大学生思想政治教育主要通过思想政治理论课、主题班会以及师生谈话等方式开展，形式单一，难以激发学生的学习热情。在新媒体环境下，高校和广大教育工作者如何利用新媒体的优势，积极创新教育方式和手段，就成为当前大学生思想政治教育中亟待解决的实际问题。在教学内容方面，新媒体背景下的信息传播突破了传统的时空限制，使学生掌握教材上的思想政治理论的同时，形成正确的网络道德观念，自觉抵制网络不良信息的诱惑和影响，形成正确的网络道德观。

第三节 新媒体与大学生思想政治教育工作的创新与"微创新"

新媒体既融合了传统媒体性能，又具有移动式的通信、网络等数字化传播功能。任何人、任何时间、任何地点都可以通过终端进行数据信息的交互与传输。当代大学生作为新媒体的最大受众群体，新媒体在为其大学生活创造全新环境的同时，也冲击着大学生的思想观念，给高校思想政治工作带来了新的挑战。尤其是微博、微信等"微传播"手段，由"微"

不足道发展成为无"微"不至的"微时代","微传播"已悄然地影响着大学生的思维模式和行为方式。为适应基于新媒体环境下的变迁,应对"微传播"信息的即时交互,探索出大学生思想政治教育的新模式,我们应将线上线下双向互动作为手段,以平台和机制建设为着力点,积极抢占思想政治"意识形态领域"新阵地,最终引导和教育大学生形成正确的世界观、价值观、人生观,使得思想政治教育工作更富时代感、更具生活化、更有情趣性和实效性。

一、新媒体与大学生思想政治教育工作的创新

基于新媒体背景下的大学生思想政治教育工作是一项系统工程,其发展和完善不仅要适应新媒体迅速发展和普及的时代特征,同时也要遵循思想政治教育理念和大学生心理成长规律。

1. 整合思想政治教育资源

虽然高校教师是大学生思想政治教育的主力,但是学校党委宣传部、学工部、团委等部门也是大学生思想政治教育的重要资源。在新媒体背景下,各高校要充分利用新媒体的技术优势,对上述资源进行充分整合,以构建大学生思想政治教育的强大合力。例如,可以通过有关科室牵头,建设专题网站;构建思想政治教育数据库、录制思想政治教育微课、视频以及建立常态化的家校沟通机制等。

2. 优化思想政治教育内容

新媒体对高校大学生思想政治教育内容的解构与重构要求,有必要进行相关教育内容的优化设计,以时代性和开放性为原则,积极构建适应新媒体环境下的大学生思想政治教育内容结构体系。具体而言,思想政治教育不仅要正确引导当代大学生形成良好的世界观、价值观和人生观,能够正确认知现实社会,还要形成良好的网络道德观念,正确认识网络虚拟社会;不仅要树立社会主义核心价值观,关心现实社会中的民主政治建设,还要积极参与网络民主政治建设,自觉抵制西方社会意识形态的渗透;不仅要教育学生遵守现实社会的法律法规和社会道德规范,还要遵守网络虚拟社会的道德和法律。

3. 提升高校思政工作者的新媒体素养

在新媒体环境下,大学生思想政治教育工作不仅要坚守传统课堂教学的主阵地,还要积极占领新媒体思想政治教育的制高点。因此,建议高校以教育改革和师资培训为契机,增强广大教职员工的信息意识,积极开发网络空间的思想政治教育资源,不断拓展利用新媒体进行大学生思想政治教育的领域。同时,广大教师也应该提高自身的理论水平和辨别能力,对于网络上出现的负面言论要敢于发声,自觉维护我国社会的稳定和谐。

4. 正确引导高校网络自组织的发展

网络自组织是互联网新媒体背景下发展起来的一种高校学生组织,为大学生进行学习和信息交流提供了一个快速、便捷的平台。随着高校网络自组织的发展和普及,其作为大

学生思想政治教育平台的功能和价值也日渐凸显。显然，高校网络自组织对开拓学生的视野，促进大学生的人际交流具有重要价值。同时，一些网络负面信息在通过网络自组织后对大学生产生了潜在威胁。因此，高校要加强对网络自组织的监督管理，从建立、发展和日常管理方面加强引导，充分发挥其在大学生思想政治教育方面的重要作用，通过传播正能量，为大学生的成长指引正确的方向。

5. 提升大学生的信息鉴别能力

基于新媒体环境下的信息传输已经突破时空障碍，文化泛化成为当前世界文化发展的趋向，同时也成为我国社会转型期文化发展的重要特点。在这一背景下，西方敌对势力为了达到某些目的，妄图利用新媒体加大对我国意识形态的渗透。同时，国内一些别有用心的人也利用新媒体传播一些虚假信息。由于大学生群体社会阅历尚浅，往往对网络信息的真伪缺乏足够的辨别能力，极容易受到网络一些不良信息的蛊惑。因此，各高校需要采取有效措施，提升大学生网络信息的鉴别能力，强化他们对不良网络信息的识别能力，同时使其深刻认识到这些不良信息的危害性，从而自觉抵制这些不良信息。

创新大学生思想政治教育的理念和方式方法是一项长期的系统工程，需要政府、社会、高校的共同努力，通过调动社会各方面的积极因素，实现教育资源的优化配置，不断开拓大学生思想政治教育的新局面，从而培养德才兼备的人才。

二、新媒体与大学生思想政治教育工作的"微创新"

（一）转变观念，注重"微交流"，提高"微素养"

高校思想政治工作肩负着"培养什么人""如何培养人"的重要使命。面对"微时代"背景下"微媒体"给大学生思想带来的冲击，我们必须从心理上接受这样的既定事实，及时转变观念，引导大学生树立正确的微媒体使用观，使其更好地服务于高校思想政治工作。教育者只有自身融入"微文化"中，才有能力基于现实情况及时调整，采取有效措施解决问题，提升教育的针对性和有效性。

基于时代需求，积极构建一支适应"微时代"特征的思想政治工作队伍，不断提升教师的理论水平与信息处理能力，使得教师能够"根据'趋利避害'的精神和'充分利用、积极建设、加强管理'的原则，牢牢掌握网络的主动权"，同时"创新改进网上宣传，运用网络传播规律，弘扬主旋律，激发正能量，大力培育和践行社会主义核心价值观，把握好网上舆论引导的时、度、效，使网络空间清朗起来"。例如，可以从"微"入手，通过评论微博、聊微信、观察微事物、体验微生活、实现微教育等方式，在教师队伍中广泛开展"学说微语言，摆正微心态，关注微学声"的主题教育活动，使得教师更加擅长使用网络语言，更好地找准角色定位，更细致地观察学生，提升大学生思想政治工作队伍的"微素养"。教师主动学习"微时代"的新技术、新观念、新语言，将其正面价值理念纳入思想政治教育工作中，为引导"微时代"舆论起到积极的作用。

（二）创新手段，搭建"微平台"，体验"微生活"

根据"微时代"传播设备移动性、形式微小性、速度即时性、方式互动性、内容复杂性等特征，不少高校已经主动创建了微信平台、微博平台等，形成了新时期高校宣传教育网络体系。利用新媒体点对点、点对多、多对多的交流互动功能，创建起教育者与被教育者之间即时、有效、平等的沟通，通过平台了解大学生真实的想法，准确把握大学生的思想动态及其世界观、价值观、人生观的状态。牢牢把握"第一时间""第一现场"和"第一报道"，对学生进行引导，做到不缺位、不失语、不遮遮掩掩、不放任自流，主动利用新媒体工具拉近师生之间的距离，确保舆情信息引导机制发挥高效、正面、良好的作用。

新媒体拓展了大学生学习生活的空间，使大学生进入新媒体化的学习生活环境，大学生可不受地域与时空限制，全方位接受教育。同时，新媒体也拓展了思想政治教育维度，让思想政治工作者不仅有了传统教育的空间与范围，也有了虚拟的空间与范围，构建了一个宽广的、立体式的工作平台。高校可以通过讲述"微典型"故事，定期展示优秀 DV 作品，充分利用"微平台"传播各类信息，不断提高平台在师生中的关注度，使其成为大学生思想政治教育的重要途径。各类"微平台"的建立也给师生搭建更为便捷、有效的沟通途径，打破传统管理受到的时空约束和限制，提高思政教育管理的效率，也为新型师生关系的重构提供了良好机会。"打造微平台，拍摄微电影，树立微典型"，不断创新教育模式，实现了"线上传播交流，线下体验讨论"的教育合力，将形式说教型教育转向情感内化型教育，为思想政治教育工作提供全新的视角，使得思想政治工作更贴近实际、贴近生活、贴近学生。

（三）提高管理，探索"微模式"，做好"微教育"

为了确保"微平台"在绿色环境下健康运行，高校应出台适合新媒体发展需要的网络舆情引导制度，组建专门的"微团队"加强平台的日常监管维护，形成大学生使用微媒体的信息交流和意见反馈制度。鼓励大学生建立和完善自律自查机制，培育一批大学生网络信息员，加强大学生文明网络言行习惯的养成，提升大学生的社会责任感。建立健全校园新闻发言人制度，凸显新闻发言人在舆论引导中的角色扮演作用，及时、主动、准确地发布权威信息，澄清虚假、消除误会，引导正确的舆情信息，增强高校师生认同感。加强大学生关于互联网行为规范的法律法规教育，通过广告栏、宣传板、报告会、选修课等方式方法，积极开展新媒体通识宣传教育，增强大学生"微平台"使用者的责任意识、辨别意识和自律意识。此外，高校要呼吁整个社会包括媒体行业、政府及相关部门应积极借鉴国内外的先进经验，加强技术攻关，制定和完善相应的法律法规，建立健全严格的新媒体信息监管机制，为当代大学生思想政治教育营造一个良好的环境。

通过实践不断探索创新，总结出大学生思想政治工作的"O2O"教育模式。"O2O"教育模式以角色转换，发现"微典型"等活动为契合点，以"线上引导舆论，线下指导行为"为最终目标，以互动式、体验式、引导式和渗透式等方式开展思想政治教育工作，实现虚拟与现实的有机统一。充分利用"微传播"手段加大宣传力度，传递正能量，例如在发现"微典型"活动中，积极鼓励师生用"显微镜"观察身边"微人物"的"微变化"，善于发现闪光点，将其制作成微视频或撰写成微小说上传到"微平台"参加评选，通过平台将优秀获奖者在师生中进行宣传等。此类活动的举行使得"线上传播交流，线下体验讨论"完美结合，实现大学生思想政治教育由静到动的转变，促进大学生思想政治教育工作健康、和谐发展。

第四节　新媒体与大学生网络思想政治教育的创新

随着信息科技的发展，新媒体呈现出新的时代特征。当前的新媒体环境对大学生网络思想政治教育既有积极影响，也有消极影响。这就需要思考如何创新大学生网络思想政治教育，充分发挥其积极影响，避免其消极影响。具体策略是：用习近平新时代中国特色社会主义思想来指导高校网络思想政治教育的开展；建立高校网络媒体平台管理的新媒体应急机制；培养具备新媒体素养的网络思想政治工作队伍，实现系统培训；加强大学生网络道德教育，提升媒介素养。

大学生网络思想政治教育简单来讲就是指通过网络进行的大学生思想政治教育，它是在互联网日益改变大学生的生活、学习、思维方式的情况下形成的，所以必然以网络技术平台作为传播正确价值观、道德规范、政治观点的载体，以平等、自由、交互的方式开展教育活动，从而有组织地对大学生进行思想政治教育，使他们成长为符合社会发展需要的人才。新媒体环境对大学生网络思想政治教育将产生很大的影响，这就需要高校思想政治教育工作者善于分析新形势、新环境，不断创新大学生网络思想政治教育。

一、新媒体环境对大学生网络思想政治教育产生的影响

信息技术的不断更新换代使得信息的载体也发生了巨大变化，新媒体日益占据了人们的生活。新媒体成为"95 后"大学生群体的"宠儿"，每个大学生几乎都无时无刻不在使用手机、平板等移动终端设备，这对大学生网络思想政治教育工作必然产生巨大的影响。

（一）新媒体环境对大学生网络思想政治教育的积极影响

新媒体所特有的互动性、即时性、工具性等特征为大学生网络思想政治教育工作新平台的构建带来便利。新媒体是集数字化技术、网络技术、移动终端设备于一体的媒介平台，开展大学生网络思想政治教育可以通过运用这一平台对大学生的思想、行为产生影响。在网络时代，人人都可以通过互联网平台开展互动交流，人人都可以成为网络信息的传播者和接收者。因此，大学生网络思想政治教育要特别注重构建与学生互动交流的网络社区或网络平台。只有这样，才能及时了解大学生的思想动态，并给予及时的教育和引导。比如，

现在各个高校一般都建有易班网络平台、高校网络论坛等，为大学生群体之间以及师生之间的互动交流提供了很好的网络空间。

在当前无线网络日益发达的情况下，新媒体成为大学生了解外部世界的窗口，同时也给网络思想政治教育带来便利。新媒体突破时空限制融入大学生的日常生活和学习中，网络思想政治教育亦能突破时空限制，让新媒体成为大学生网络思想政治教育的新载体。此外，还需要认识到新媒体本身是一种媒介传播工具，所以在进行大学生网络思想政治教育过程中，要不断开发新媒体作为媒介工具的多种功能，通过多种渠道和方式开展网络思想政治教育。

（二）新媒体环境对大学生网络思想政治教育的消极影响

新媒体虚拟化、超时空、大众化等特征给大学生网络思想政治教育工作带来消极影响。新媒体属于网络世界，其虚拟性的特点隐藏了很多不为人知的秘密，容易导致网络道德危机，甚至还会产生违法犯罪行为。这就使得大学生网络思想政治教育面临极大的挑战，必须时刻高度关注大学生的网络思想动态。新媒体的超时空性使得大学生能够自由选择使用网络的时间和地点，在这方面他们拥有绝对的自主选择权，因此，很难把握和了解大学生真实的日常思想行为动态。

新媒体环境下，人人都可能成为媒体内容的制造者和传播者，这种大众化的特点获得众多大学生群体的青睐，所以几乎每个大学生都会参与到高校相关的网络社交媒体中，并能够踊跃地参与媒体平台的互动交流，这就增加了网络思想政治教育的难度，很难做到对每个学生进行有针对性的网络思想政治教育。在新媒体环境下，每天都有包罗万象的信息内容，纷繁复杂、真假难辨，这就给正处于青春期的大学生带来极大困惑，甚至陷入一种思想困境，同时也削弱了高校网络思想政治教育的权威性。

二、新媒体环境下大学生网络思想政治教育创新的策略分析

习近平同志在党的十九大报告中指出，"要加强互联网内容建设，建立网络综合治理体系，营造清朗的网络空间"。尤其是在当前新媒体环境下，更需要为大学生营造一个清朗的网络空间。对于大学生群体来说，他们从出生就开始面对互联网，对于网络技术、数字媒体等毫无陌生感，而且适应性极强，他们的这些特点正迎合了当前新媒体环境下高校网络思想政治教育不断创新的内在要求。所以，大学生网络思想政治教育需要不断适应当前社会信息技术高速发展的情况。当前新媒体环境下大学生网络思想政治教育创新需要结合新媒体自身的特点以及大学生运用新媒体表现出来的特点，尽可能避免新媒体环境给网络思想政治教育带来的消极影响。

（一）用习近平新时代中国特色社会主义思想指导大学生网络思想政治教育

习近平新时代中国特色社会主义思想作为以习近平同志为核心的党中央领导集体的重大理论创新成果，是当前及今后指导我国各项工作的重要指导思想。在新媒体环境下，大

学生网络思想政治教育的创新必须以习近平新时代中国特色社会主义思想为指导，把这一新思想全面贯彻到高校网络思想政治教育工作中。具体而言，就是要坚持社会主义核心价值体系在高校网络空间的绝对话语权和主导权，要让大学生每次运用新媒体的时候，都能感受到互联网对核心价值体系的宣传广度、深度、力度。

实现在新媒体环境下大学生网络思想政治教育的创新，离不开习近平新时代中国特色社会主义思想的指导。我们要确保高校网络文化发展的社会主义方向，为大学生提供一个健康向上的网络文化环境。这就需要在大学生群体中，通过新媒体大力传播社会主义核心价值体系，鼓励或激励大学生积极培育和践行社会主义核心价值观。比如，可以专门建立一个"中华优秀传统文化问答"的网络有奖互动平台，让更多的大学生了解我国优秀传统文化，积极主动地培育和践行社会主义核心价值观，从而建立文化自信；或者可以将核心价值观的内容作为一个链接与其他主流网站的链接融合起来，学生只要点击相关的网站链接，有关核心价值观的内容就会率先被打开，之后才跳转到原本的网站。

（二）建立高校网络媒体平台管理的新媒体应急机制

高校需要不断创新和完善校园内部的网络平台，吸引更多的大学生参与其所在高校网络平台的交流互动。通常高校为了让学生能够全面认识学校，都会建立一个专门的网络媒体平台，统一管理学校发布的信息，同时也为了能够及时了解学生的思想行为动态，避免网络群体性事件的发生。同时，该平台要及时关注学生群体近期特别关注的问题和事件，并且能够在第一时间反映问题和事件的真实性，不给虚假信息以可乘之机。

新媒体所特有的开放性、虚拟化的特点，使得一些鱼龙混杂的信息在新媒体平台肆意流传，一些不良信息不可避免地会被学生看到，这就给大学生的价值观和心理健康造成一定困扰，也给大学生网络思想政治教育带来极大挑战。所以，高校需要建立网络新媒体应急机制，对于校园内部的网络媒体进行严格把关，及时过滤不良信息，并针对有可能发展为网络群体事件的新媒体平台进行严格监控。此外，还需要针对新媒体突发事件制定出切实可行的应急方案，使得高校对于网络媒体的突发事件有足够的应变能力和把控能力。

（三）培养具备新媒体素养的高校网络思想政治教育工作者队伍

高校网络思想政治教育工作任务繁重，这就要求思想政治教育工作队伍不仅要具备足够专业化的思政教育素养，而且要具备网络新媒体素养。在当前新媒体环境下，尤其需要他们熟悉网络新媒体的发展特征，熟练运用相关技术。此外，由于新媒体具有一定的时代性，所以网络思政教育需要不断与时俱进，这就需要高校建立常态化的网络思政教育工作队伍培养机制，实现新媒体环境下大学生网络思政教育的可持续发展。

在对网络思政教育工作队伍开展系统培训时，需要做到以下几点。第一，更新思想观念。大学生的"三观"状况如何，直接受到高校思政工作者的政治素养状况的影响，所以首先必须提升他们的政治素养。第二，提升新媒体信息技术水平。新媒体更新换代的速度很快，必须紧跟时代发展步伐，不断提升他们的新媒体信息技术水平，通过新媒体实现对大学生的网络思政教育。第三，培训沟通能力。网络思政教育主要是做学生的工作，离不开与学生之间的沟通交流，而实现有目的的沟通需要一定的技巧，所以需要对他们的沟通能力和网络人际交往能力开展科学培训。第四，培养综合素质。因为如今网络思政工作呈现多元化、专业化发展趋势，这就要求他们必须全方位提升自己的素质，比如人际交往能力、创新能力、网络技术能力等。

（四）加强大学生网络道德教育，提升媒介素养

大学生的网络道德状况直接决定了高校网络空间环境，所以有必要加强大学生网络道德教育，避免他们受到新媒体环境消极因素影响。一方面，需要着重培养学生在网络媒体环境下各种思想行为的是非观念。对此，高校可以出台相应的大学生网络行为规范，或者通过宣讲来提升大学生对媒体信息的鉴别力。另一方面，要求学生能够将网络道德真正运用到实践中，自觉遵守相应的网络道德规范，远离网络语言暴力。

新媒体环境下创新大学生网络思政教育离不开对大学生媒介素养的提升。当前新媒体上传播的信息海量，对善于接受新鲜事物却又缺乏一定辨析能力的大学生来讲，极易受到不良信息的负面影响，这对大学生的成长是极其不利的。所以，需要着重提升大学生的媒介素养。媒介素养指的是人们身处多种媒介信息时候的一种选择、判断、辨析、创新等能力。提升大学生的媒介素养，就是有针对性地提升大学生对媒介本身的认识和理解。一方面，由于部分大学生对媒介具有超强的认同和依赖性，通常对媒介信息是选择全盘接受，不具备一定的辨析和批判能力，这就需要让学生认识到媒介本身和媒介信息二者的不同，让他们看到媒体信息的良莠不齐，所以必须带着谨慎质疑的眼光来看待；另一方面，还应该让学生意识到媒体信息所携带的不同价值观念，需要他们有意识地去辨别和抵制错误价值观，自觉接受和宣传社会主义核心价值观。

第五节 新媒体环境下加强对大学生"四个自信"的教育

习近平总书记在庆祝中国共产党成立95周年大会上提出了"四个自信"，即中国特色社会主义道路自信、理论自信、制度自信、文化自信。本节从"四个自信"出发论述大学生思想政治教育的重要性，分析了当前高校在大学生思想政治教育中"四个自信"教育存在的不足，并结合当前新媒体环境下的特点，有针对性地提出如何结合新媒体的创新性开展以"四个自信"为核心的大学生思想政治教育的具体措施。

一、"四个自信"教育融入大学生思想政治教育的意义

高校大学生思想政治教育工作历来都是我党高度重视的战略工程。2016年12月，全

国高校思想政治工作会议在北京召开，习近平总书记明确指出了"应该办什么样的大学，怎样办好大学，培养什么样的人才，如何培养人，为谁培养人的问题"，强调各高校要坚持把立德树人作为中心环节，把思想政治工作贯穿于教育教学全过程，实现全程育人、全方位育人，努力开创我国高等教育事业发展新局面。2017 年 10 月 18 日至 10 月 24 日，中国共产党第十九次全国代表大会在北京召开，随后在教育部发布的《中共教育部党组关于教育系统认真学习宣传贯彻党的十九大精神写好教育"奋进之笔"的通知》中也提到，要扎实推动党的十九大精神学习、研究、宣传全覆盖，自觉用习近平新时代中国特色社会主义思想武装广大干部师生的头脑，要牢固树立"四个意识"，不断坚定"四个自信"，在政治立场、政治方向、政治原则、政治道路上同以习近平同志为核心的党中央保持高度一致。可见，加强研究高校学生思想政治教育现状，并结合新媒体环境下的特点，创新性地开展以"四个自信"为核心的大学生思想政治教育，对提高大学生思想政治教育水平有着重大的现实意义。

二、以"四个自信"为核心的大学生思想政治教育工作中存在的不足

（一）对大学生开展"四个自信"教育的顶层设计不完善

加强对大学生的"四个自信"教育，正确认识"四个自信"教育的重要性和长期性，是高校刻不容缓的育人使命。但当前部分高校对开展"四个自信"教育缺乏宏观思考和顶层设计，对开展"四个自信"教育的整体思路不明确，缺乏科学合理的系统性教育方案，也导致在开展"四个自信"教育时学校各部门之间分工不明确，步调不统一，相互间缺乏沟通，没有形成合力，一定程度上弱化了"四个自信"教育的实际效果。

（二）对大学生开展"四个自信"教育不够重视

第一，部分高校领导自身对"四个自信"的认识不够深刻，没有系统地组织全校师生深入学习"四个自信"的相关内容，致使部分教师并没有将"四个自信"教育融入日常的教育教学活动中，也直接导致学生对"四个自信"理论体系缺乏全面的认识。第二，部分高校没有把"四个自信"教育作为学校头等大事去抓，对中央文件精神的贯彻和落实存在短期性和形式化的不足。第三，部分高校对大学生"四个自信"教育的认识存在误区，只是简单地把大学生的"四个自信"教育作为一项教学任务分配到二级学院或社会科学部，简单地由思政教师在课堂上进行理论灌输。这种完成任务式的教育模式力量单薄，渠道单一，收效甚微，无法收到全方位育人的效果。

（三）对大学生开展"四个自信"教育的内容和方式有局限

第一，对大学生进行思想政治教育的内容没有与时俱进。一方面，部分高校在对大学生进行思想政治教育时并没有及时融入"四个自信"的相关内容，导致教育缺乏时效性；

另一方面，部分高校在开展大学生思想政治教育时没有与当下的社会热点相结合，思想政治教育与社会发展脱节，导致大学生对"四个自信"的认识不到位。第二，对大学生进行思想政治教育的方法不新颖、载体不丰富。随着新媒体环境的到来，以微信、微博等为典型代表的新媒体工具已经深深地融入了大学生的学习生活中。但是有些高校的思想政治工作者在推进"四个自信"进校园、进课堂、进头脑的过程中，没有很好地利用新媒体工具，对一些富有时代气息的信息、技术、知识视而不见，师生之间缺乏互动，没有充分发挥学生的主观能动性，思想政治教育缺乏吸引力。

（四）新媒体环境下的高校思想政治教育者的话语权被弱化

鉴于新媒体信息传播具备去中心化、交互性强的特点，大学生可以在新媒体平台上表达自己的观点，传播自己的思想，每个人都有可能成为信息的中心，从而弱化了高校思政工作者的中心地位。另外，在新媒体这个平等的交互平台上，大学生的主体意识会被极大地激发和调动起来，他们可以通过多种渠道了解并传递信息，这在无形中削弱了高校思想政治工作者的权威性与信息优势。

三、"四个自信"视域下大学生思想政治教育的路径

（一）完善高校思政工作体系

一是构建高校大学生思想政治教育的校内主阵地。高校要把"四个自信"教育作为学校的头等大事来抓，学院领导牵头"校思想政治工作领导小组"，统一调配学校的资源，打破各部门之间的壁垒，实现学校各部门之间的有效衔接，形成学校各部门之间统一作战、共同教育的合力。二是占领高校大学生思想政治教育的校外阵地。开展大学生思想政治教育工作要注重学校与社会的结合、理论与实践的结合，可以在专业人才培养方案中设置大学生思想政治教育的校外实践课程，给予相应的学分及学时的保障。另外，还要把"四个自信"的内容融入大学生校外实践和实习的过程中，让大学生深入农村、企业、社区进行相关调研，调动他们的主观能动性和参与性，激发他们的社会责任感，让大学生在实践中深刻体会"四个自信"的科学性、先进性。

（二）完善高校"三全育人"机制

首先，高校应积极构建"三全育人"机制，努力营造全员育人、全程育人、全方位育人的良好氛围。全员育人，指的就是高校里的每一位教职员工，包括学校的领导、中层干部、专任教师、行政管理人员等，所有人齐心协力，共同推进以"四个自信"为核心的思想政治教育；全程育人，就是要把"四个自信"教育融入大学生从入学到毕业的整个过程中，从大学生进校后的专业教育、主题班会、团课、党课、专业课程学习、顶岗实习环节，直到毕业时的就业指导教育，都要融入"四个自信"的内容，使其在潜移默化中产生效果；全方位育人，指的是对大学生进行"四个自信"教育时，既要发挥传统思政课堂的作用，

加强理论宣传，同时也要重视第二课堂的思想政治教育，把"四个自信"教育融入大学生的各种校园文化活动、社团活动、社会实践活动中。另外，还要占领网络宣传的主阵地，构建校园网络思想政治教育平台，把"四个自信"教育渗透到大学生的学习、生活中。

（三）加强新媒体思政队伍的建设

1. 提高高校思政队伍对"四个自信"的认识

习近平总书记在全国高校思想政治工作会议上强调，"传道者自己首先要明道、信道"。高校思政工作者自身首先要加强对"四个自信"的学习和理解，要学得深、学得透，做到入脑、入心；提升"四个自信"水平，树立对"四个自信"的坚定信念，要做到真信、真学、真用；对"四个自信"要有整体的把握，要做到能够用马克思主义的科学观点和方法阐明"四个自信"的历史和实践渊源，解决大学生思想政治教育工作中出现的新问题。

2. 提高高校思政队伍运用新媒体的能力

首先，思政工作者要认识到新媒体给高校大学生思想政治教育工作带来的机遇，加快对新媒体技术的学习和使用，提高自身的新媒体素养，掌握新媒体知识，了解新媒体的特征、优势、劣势，并创新性地运用到高校思想政治教育工作中。其次，思政工作者要创新教育方式、方法，改变传统的"教师→学生"单向的灌输式教育模式，利用新媒体工具加强与学生的交流和互动，实现双向沟通教育模式。比如，可以使用微信、QQ 等新媒体工具，加强与学生的沟通交流，及时了解学生的思想动态和情绪变化。这样的方式淡化了师生之间的隔阂，有益于构建和谐融洽的师生关系，也能提高高校思想政治教育工作的针对性和实效性。

（四）充分发挥新媒体的优势

1. 搭建新媒体环境下的高校思政网络新平台

第一，要加强信息化校园建设。高校要加强校园 WiFi 的建设，为搭建高校网络思政工作新平台提供硬件保障。以广西国际商务职业技术学院为例，其通过信息化校园建设，目前已经实现了 WiFi 信号在校园的全覆盖，教师和学生只要登录个人专属账号就能使用校园网络，有效节约了网络思政工作的成本。第二，建立思政工作网站或思政论坛。高校应当充分利用新媒体，搭建思政工作网站，开辟思想政治工作的网络新阵地，专门对"四个自信"进行普及和宣讲。还是以广西国际商务职业技术学院为例，其建立了"赤水青川"思政网站，及时对党的理论、政策、"四个自信"等内容进行主题推送，在学生中起到了良好的宣传实效。第三，建立思政工作微信公众号。当下，手机已经成为大众生活中最重要的传播终端之一，而微信在大学生中的普及率达到 95% 以上。高校可以通过建立思政微信公众号，开设"掌上党校""理论前沿""四个自信"等专栏，把前沿的正能量信息传递给大学生，拓宽思想引领的覆盖面，提高思想政治教育工作的实效性与针对性。

2. 建立基于新媒体环境下高校思政网络的骨干队伍

一方面，高校要有意识地加强对思政工作者的培养，增强其思想道德修养，坚定其政治方向，增强其社会责任感，提升其职业技能，让其成为高校思政工作的"领头羊"，成为大学生健康成长的指导者和引路人；另一方面，高校还要重视在大学生中选拔一批学生骨干。要关注校园论坛、校园博客、微博、QQ群、微信群等网络动态，以学生干部、学生党员为依托，选拔一些思想上进、道德高尚、态度端正，并且有一定影响力的学生骨干，发挥其模范带头作用。

3. 丰富网络思政工作平台的资源

高校要组建由思政工作者和技术人员共同组成的专业队伍，共同开发、建设网络思想政治教育的资源库，丰富网络思想政治教育的内容。教育内容要健康丰富、形式多样、生动有趣，增强思想政治教育工作对大学生的吸引力，引起大学生的共鸣，使其将理论带入生活中，加大高校思想政治教育的有效性。比如，把以"四个自信"为主题的教学微视频、微课件上传到网络教学平台供学生学习；开设"四个自信"专题的线上课程，邀请校内校外的专家、学者、企业界的精英等就当前一些社会热点问题与大学生进行互动和交流；利用网络教学平台组织大学生进行"四个自信"的专题讨论等，通过各种新颖、特色的方法推动"四个自信"入脑、入心。

第六章 微时代大学生思想政治教育

第一节 微时代思想政治教育的地位与作用

一、微时代思想政治教育的地位

（一）思想政治教育是马克思主义理论教育的基本途径

马克思主义和中国化的马克思主义，只有被广大人民群众掌握，才能成为改造世界的物质力量，才具有现实意义。马克思指出："批判的武器当然不能代替武器的批判，物质力量只能用物质力量来摧毁；但是理论一经群众掌握，也会变成物质力量。理论只要说服人，就能掌握群众；而理论只要彻底，就能说服人。所谓彻底，就是抓住事物的根本。"值得注意的是，理论转化为物质力量要通过一个中介——人，也就是说，要"掌握群众"才能转化为物质力量。而理论要"掌握群众"，除了理论本身要彻底具备科学性外，更要靠宣传教育。思想政治教育是将马克思主义理论变为物质力量的重要途径，通过系统的思想政治教育可以帮助人民群众深入理解和把握马克思主义理论，使其树立正确的世界观，掌握科学的方法论，提高认识世界和改造世界的能力，积极投入到中国特色社会主义建设中，进而将马克思主义理论变为巨大的物质力量。实践表明，我国思想政治教育在这方面起到了不可取代的重要作用。在新民主主义革命时期、社会主义革命与建设时期和改革开放的新时期，正是因为坚持对广大人民群众进行马克思主义理论教育，使马克思主义成为广大人民群众改造社会的强大武器，才促进中国社会发生了翻天覆地的变化，促进中国社会出现了巨大的发展。

在 21 世纪，要继续推进中国特色社会主义事业，使马克思主义理论的价值得到充分体现，就必须进一步加强对广大群众的马克思主义理论教育。21 世纪的人类社会，微时代已经深深根植于社会经济、文化、政治、生活等诸多方面，成为信息化浪潮中与国家前途息息相关的重要因素。微时代克服了传统媒体信息传递速度慢的弱点，使马克思主义经典原著、马克思主义中国化成果可以在短时间内通过互联网传播到世界各地，让更多的人了解并逐步认同这一科学理论体系。微时代的不断发展，使马克思主义价值体系的认知方式从静态变为动态，从现实走向网络。和传统方式相比，微时代扩大了马克思主义思想传播的覆盖面。人们可以更容易地通过微时代手段获得马克思主义理论知识，使更多人接受并信仰马克思主义，从而提高马克思主义的影响力。运用微时代传播方式传播马克思主义思想，可以从以往受众被动接受、没有信息反馈转变为相互交流，传者与受者之间互动更广泛、更直接、更深入。受众不再是单向地被动接收信息或观点，而是通过微博、微信等方式随时积极表达自我，做到任何时候、任何地点、对任何人进行互动传播。微时代的运用也强化了不同主体间的互动性，不同的参与者都能够表现出自身的主体性。

（二）思想政治教育是社会主义精神文明建设的基础工程

《中共中央关于加强社会主义精神文明建设若干重要问题的决议》指出，思想政治教育"是精神文明建设一项基础性工作和搞好两个文明建设的基本保证"。这是对思想政治教育在社会主义精神文明建设中的地位和作用的科学说明。因此，思想政治教育是社会主义精神文明建设的基础工程和中心环节。

第一，思想政治教育是社会主义精神文明建设的核心内容。社会主义精神文明建设包括思想道德建设和教育科学文化建设两个方面，两方面内容相互渗透、相互促进。思想道德建设是精神文明建设的核心内容，集中体现着精神文明建设的性质和方向。从这个意义上讲，没有思想道德建设，就没有社会主义精神文明。我国思想道德建设的首要任务是用马列主义和中国特色社会主义理论教育全体公民，不断提高公民的思想政治素质。思想道德建设的过程就是对人民群众进行思想政治教育的过程。

第二，思想政治教育是完成社会主义精神文明建设根本任务的基本途径。思想政治教育以培养人为己任，是思想政治教育的根本任务。坚持向广大人民群众进行思想政治教育，大力倡导社会主义核心价值体系，帮助人们树立以马克思主义为指导的正确的世界观、人生观、价值观和建设中国特色社会主义的共同理想，形成以爱国主义为核心的民族精神和以改革创新为核心的时代精神，确立社会主义核心价值观等，能较好地培养"四有"新人。可见，只有大力加强思想政治教育，才能为完成精神文明建设的根本任务创造条件，才能顺利完成这一历史任务。

第三，思想政治教育是保证教育科学文化建设的社会主义性质和方向的根本措施。只有通过教育科学文化部门的党组织开展强有力的思想政治教育，才能保证党的路线、方针、政策的贯彻执行，从而实现党的思想政治领导，使教育科学文化建设保持社会主义性质和方向，更好地为社会主义现代化服务。例如，教育部门要通过加强思想政治教育，保证党的教育方针的贯彻执行，保证教育工作沿着社会主义方向前进；科学研究部门要通过加强思想政治教育，使科学研究为现代化建设服务；文艺部门要通过加强思想政治教育，保证文艺为人民服务、为社会主义事业服务的方向；新闻出版部门要通过加强思想政治教育，生产更多、更健康的精神产品，引导人们积极向上，达到较高的精神境界。事实上，由于教育科学文化建设的核心问题是培养适应社会主义现代化建设要求的"四有"新人，文化建设的方方面面最终都必须围绕着人来展开。教育要围绕"培养什么人"的问题，科学和文学艺术要围绕"为什么人服务"的问题，新闻出版、广播电视网络等要围绕"如何引导人"的问题。而培养"四有"新人是思想政治教育的根本任务。因此，我国教育科学文化建设包含着思想政治教育，离不开思想政治教育的作用。教育科学文化建设既是我国思想政治教育的重要载体，也要靠思想政治教育保障其发展方向。

第四，微时代思想政治教育的工作必须要在精神文明建设目标的指导下才能得到具体的展开。即当前我国精神文明建设的目标是：要树立一个建设中国特色社会主义的共同理想，坚持党的基本路线不动摇，完善人们的政治素养、法制观念与道德规范，丰富人们的精神文化生活，最终实现社会物质文明与精神文明的协调发展。在精神文明建设目标的指导下，当前我国的思想政治教育就需要加强马克思主义教育，加强思想道德素质教育，加强科学文化教育，最终为社会主义精神文明的建设提供有力的精神支持。

（三）思想政治教育是完成建设中国特色社会主义各项任务的中心环节

早在新民主主义革命时期，掌握思想教育，是团结全党进行伟大政治斗争的中心环节。如果这个任务不解决，党的一切政治任务是不能完成的。进入社会主义建设时期，政治工作是一切经济工作的生命线。在社会经济制度发生根本变革的时期尤为重要。进入社会主义现代化建设新时期，党中央进一步明确强调："思想政治工作是经济工作和其他一切工作的生命线"。可见，中国共产党始终高度重视思想政治教育，不仅将其视为党和国家事业的重要组成部分，而且将其看作完成党和国家各项任务的中心环节。"中心环节"是对新时期思想政治教育战略地位的高度概括。在21世纪，思想政治教育的地位更加突出。要将中国特色社会主义伟大事业推向前进，就必须坚持不懈、深入持久地对广大人民群众进行思想政治教育，为完成中国特色社会主义事业各项任务提供思想保证和精神动力。

中国特色社会主义事业包括政治、经济、文化、教育、科技等多方面内容，思想政治教育是其中不可缺少的重要部分，是推动中国特色社会主义建设的重要力量。从某种意义上讲，思想政治教育与中国特色社会主义事业的其他方面处于同等重要的地位，因为这是中国特色社会主义建设所需要的，都从特定方面推动着中国特色社会主义建设的发展。思想政治教育特殊的功能性地位表现为：它是通过直接作用于人的思想道德素质，提高人的积极性、主动性、创造性，使人们更好地参与社会各方面的活动而作用于中国特色社会主义建设的。这一功能地位是思想政治教育所特有的，是中国特色社会主义事业的其他方面所不可取代的。正是在这个意义上，我们说思想政治教育是完成中国特色社会主义各项任务的中心环节，因为任何一项工作都需要人去做，要做好工作，就需要提高人们的思想道德素质，提高人们认识世界和改造世界的能力，提高人们的工作积极性，否则各项工作不仅难以做好，而且还有可能出现干扰中国特色社会主义建设的问题。思想政治教育必须与经济业务工作紧密结合起来，在做业务工作时，要加强思想政治教育，注意思想领先，充分发挥先进思想和革命精神的巨大能动作用；在开展思想政治教育时，要将思想政治教育渗透到业务工作中，结合业务工作去做。思想政治教育不能脱离经济、技术等业务工作而孤立地进行，否则就易陷入"空头政治"的境地；经济、技术等业务工作更不能脱离思想政治教育，否则就会迷失方向。由此可见，只有做好思想政治教育工作，才能保证经济、技术工作沿着中国特色社会主义方向前进，才能真正调动广大干部、群众的积极性、主动性和创造性，从而圆满完成中国特色社会主义事业建设的各项任务。

二、微时代思想政治教育的作用

（一）导航作用

思想政治教育的导航功能是由思想政治教育的目的性、方向性决定的。因为思想政治教育是一定阶级、集团为了实现自己的经济利益和政治统治而对人们施加意识形态方面影响的社会活动，这就决定了思想政治教育带有方向性和目的性。因此，导航的功能便成了思想政治教育的基本功能。它的导航功能主要表现如下：

1.对经济的导航

人类的社会生活有经济、政治、思想文化三大领域，经济领域是人类生存和发展的最基本领域。社会的物质资料生产、分配、交换、消费等经济活动，国民经济各部门，工业经济、农业经济以及人们的经济生活等都是没有方向性的。

在历史唯物主义看来，经济决定政治，决定思想政治教育，政治是经济的集中反映，经济是第一性的，政治、思想政治教育是第二性的。但是，政治、思想政治教育一经产生和形成，又能动地反作用于经济，为经济服务，并确保经济关系、经济活动沿着实现本阶级经济利益的方向前进，从而对经济起导航的作用。

不同的思想政治教育对经济起着不同的导航作用：先进阶级、集团的思想政治教育能够引导经济向前发展，促进社会的进步；落后的、腐朽的阶级、集团的思想政治教育，阻碍经济的向前发展，能使经济倒退，使社会经济衰败乃至全面崩溃。就阶级性来看，各个阶级都力图通过思想政治教育把经济引导到对自己有利的航向上，以达到为本阶级的利益服务的目的。如资产阶级的思想政治教育，就是为了使经济始终沿着资本主义的轨道，以巩固生产资料的资本家私人占有。而社会主义的思想政治教育，就是要使经济沿着社会主义方向发展。如果社会主义的思想政治教育蜕变为资产阶级的思想政治教育，就会使社会主义的经济航向转变成资本主义经济的航向，即出现资本主义经济的复辟。因此，思想政治教育在导航上起着极为重要的作用。

2.对理想信念的导航

每个人都憧憬和追求自己的理想。理想是指人们对未来目标的追求和向往，是人们为之奋斗的目标。每个人也都有自己的信念。信念是指人们在一定认识基础上而确立的对某种理论、主张、见解、观点、理想等的坚信无疑，并努力身体力行为之奋斗的精神状态和确定的看法。

正确的思想政治教育，能够帮助人们树立崇高的理想，确立科学的信念；错误的思想政治教育，能使人形成卑劣的理想，使人接受非科学的信念。例如，用马克思主义科学的理论教育人们，就能使人们树立在二十一世纪实现我国社会主义现代化的共同理想，树立为实现共产主义而奋斗的崇高理想，确立社会主义和共产主义信念；如果用封建迷信去教育人，就能把人引向深渊，引向自我毁灭。因此，思想政治教育对人们理想、信念起着方向性的指导作用。

3. 对行为的导航

行为是指受人们思想支配而表现在外的活动，即人们的行动、动作和作为。人的行为是极其复杂的，有经济行为、政治行为、法律行为、道德行为、宗教行为、精神文化行为，还有生理行为、操作行为等。在人的复杂行为中，有正确的行为，也有不正确的行为，还有无所谓正确和不正确的生理等行为。人的行为是受思想支配的，思想是行为的先导，行为是思想的反映。而人的思想又是各式各样的，有正确思想，也有错误的思想，不同的思想会产生不同的行为。人的思想不是天生的，而是思想政治教育的结果。不同的思想政治教育会形成不同的思想，不同的思想又导致不同的行为。因此，思想政治教育对人们的行为最终起着导航的作用。由于人类实践经验的积淀，形成了人们的行为规范，诸如政治、经济、道德、法律等行为规范。人们的行为规范又是千差万别的，有先进的、正确的，也有落后的、错误的，不同的行为规范会导致人们不同的行为。

人们的行为规范是在实践中总结出来的，通过思想政治教育把它们传播、灌输给人们，使人们内化为自己必须遵循的思想信念，并逐渐转化为他们的行为。然而，不同的思想政治教育使人们按照不同行为规范方向活动。如若用先进的、正确的行为规范教育，能使人们的行为沿着正确方向前进，相反，会使人们行为沿着错误方向行进。因此，思想政治教育对人们按照何种行为规范行进起着导航的作用。

4. 对思想道德和科学文化教育的导航

科学文化教育和思想道德是人类文明的结晶，是人类社会发展的精神生产，是人类社会长期发展的积淀。它们的性质归根结底是由社会的物质生产方式决定的，是由社会经济基础直接决定的。同时，各个阶级都有自己的思想道德和科学文化教育。但是，科学文化教育和思想道德本身是没有方向性的，它具有怎样的性质？属于哪个阶级的？沿着哪个方向发展？它们同社会的经济基础直接相关，也同思想政治教育密切相关，即用哪个阶级思想政治进行教育，关系到思想道德和科学文化教育的阶级性质和发展的方向。事实上，任何阶级的思想道德和科学文化建设都是在一定的思想政治指导下进行的，而这些建设中又渗透着思想政治教育，思想政治教育成了这些建设的灵魂。就是说，思想政治教育对思想道德和科学文化的发展起着导航的作用。如果用资产阶级的思想政治去进行教育，那么，思想道德就会沿着资本主义方向航行，科学文化教育就会成为为资产阶级服务的工具，这时思想道德和科学文化教育就具有资产阶级的性质。如果以马列主义即用无产阶级的思想政治去进行教育，就会使思想道德沿着社会主义方向发展，使科学文化教育为无产阶级服务，这时的思想道德和科学文化教育就具有无产阶级的性质。因此，无产阶级的思想政治教育能确保思想道德和科学文化教育沿着社会主义、共产主义的航向前进。

（二）育人作用

思想政治教育是以人为对象的，是以塑造和培养人的思想政治品德为任务的。因此，育人功能是思想政治教育的基本功能。

人的思想政治品德的形成不是天生的，而是后天培养教育的结果。英国的哲学家洛克说："我们的心灵是一张白纸，上面没有任何记号，没有任何观念，一切观念和记号都来自后天的经验。"我们的全部知识是建立在经验上面的，知识归根到底都源于经验。比如婴儿从出生到成长，都会受到父母潜移默化的影响。我们是通过思想政治教育来培养一代代的人。

但是，不同的思想政治教育培育和塑造不同类型、不同性质的人。在奴隶社会中，奴隶主阶级为了维护自己的经济地位和政治统治，开办各种学校，向青少年和整个社会灌输奴隶主阶级的政治思想，即灌输君臣、父子、等级、特权思想，灌输攀登高官显位、门第，谋求升官发财，培养效忠奴隶主阶级的接班人。在我国的封建社会中，封建地主阶级极力灌输"三纲五常""三从四德"，灌输君君、臣臣、父父、子子，忠孝节义，以培养封建地主阶级的接班人和封建主义的奴才。在资本主义的社会中，资产阶级在"自由、平等、博爱"的口号下向人们竭力宣扬"金钱万能论"和利己主义的人生观、价值观，培养资产阶级的接班人。在建立了生产资料公有制的社会主义社会中，无产阶级进行着"为人类幸福工作""为人民服务"的教育，培养造就无产阶级革命事业的接班人、社会主义的建设者和共产主义的一代新人。

（三）调节作用

微时代大学生思想政治教育的调节作用，是指通过民主、说服、调解、沟通、咨询、评价等多种方式，对大学生心理、情绪、人际关系和利益等方面进行调节，从而达到提高大学生的思想觉悟、建立新型的人际关系的目的，以促进和谐校园、和谐社会的建设。

事物总是在不断运动、变化和发展的，大学生的思想也是如此。大学生思想的变化有两种可能性：一是向正确的、积极的、进步的方面变化；二是向错误的、消极的、落后的方面变化。这就要求微时代大学生思想政治教育者必须及时了解大学生思想的变化并及时加以调节——推进第一种变化，抑制第二种变化，并尽可能使第二种变化降低到最低程度。

调节需要通过一定的途径或手段。微时代大学生思想政治教育调节的途径主要有如下方面。

1.心理调适

大学生的任何一种活动都伴随有心理现象。大学生的思想问题与心理因素紧密相关。例如，大学生的自卑、抑郁、恐怖、强迫、焦虑、悲观、敏感、多疑、幻想、浮躁、厌世、偏执、逆反、疑病等，这些心理问题与大学生的某些思想问题紧密相关。因此，教育部曾多次发文，要求高校在对大学生进行思想政治教育时，要及时了解大学生心理活动的规律和特点，开展好心理健康教育。运用心理调适方法（例如心理咨询法、消极情绪调节法、身体锻炼调节法、角色换位法等），就是为了有效地解决大学生的思想问题，帮助大学生克服心理障碍，确保心理健康。

2. 情绪调控

情绪是大学生心理的一个重要方面。情绪的力量以及人们尝试着对情绪进行的调节和控制，是日常生活中常见的现象，也是日常生活中不可或缺的一部分。大学阶段是人生的第二个"心理断乳期"，是一个非常关注自我、注重个性表达、情绪体验丰富、情绪波动起伏较大的时期。大学生的情绪可分为基本情绪和复合情绪，或者积极情绪和消极情绪。大学生在学习、工作、生活中，经常会遇到这样或那样的矛盾、困难和挫折，例如学习与勤工俭学的矛盾、学习与工作的矛盾、经济困难、与家庭的矛盾、恋爱挫折、学习挫折、人际关系冲突等，都可能会引起他们消极情绪的产生，这种消极情绪如果得不到缓解、消除，就可能给社会、给他人和自己带来不良的后果。微时代大学生思想政治教育要调控的就是大学生的消极情绪。对此，可以通过化解矛盾、疏通思想、分析原因、转移注意力、重定目标、体育锻炼等方法来使情绪得到稳定、宣泄、转移，使大学生的情绪得到调控。

3. 人际关系调节

大学生的人际关系，是指大学生个体在与他人的交往中所形成的人际关系，它从微观层面上反映大学生人际关系的状态、影响和作用。大学生人际关系应该建立在平等、尊重、互爱、互信、互助、协作的基础上。微时代大学生思想政治教育对建立社会主义的新型人际关系，对大学生个体的学习、生活、工作、成长和群体的发展都具有不可忽视的作用，主要表现在：第一是能沟通人际联系，促进人际交往，增进相互理解，改变人际态度，调适人际关系；第二是能化解双方矛盾，理顺双方关系，推动问题的解决。大学生在所结成的人际关系中，有时会因不同原因发生矛盾以至发生冲突。这些矛盾如果处理不好，就有可能激化。微时代大学生思想政治教育的日常工作之一就是要做好这方面的调节处理，引导大学生与他人、与某些相关单位和部门化解矛盾，消除冲突，遵循人际关系的处理原则，营造和谐的学习生活氛围。

第二节　微时代大学生思想政治教育的对象、主体与内容

一、微时代大学生思想政治教育的对象

（一）对象的含义

所谓对象，是指观察、行动或思考时作为目标的客体。思想政治教育的对象，是指在教育活动中，教育者认识、教育、改造的对象。它有广义与狭义的区分。广义的教育对象

包括教育者与受教育者，作为教育者之所以成为教育的对象，是因为教育者必须先受教育，其在教育、改造别人的同时，还要接受别人的教育、改造以及进行自我教育和自我改造。狭义的教育对象就是指受教育者，即在思想政治教育实践活动中，在思想政治教育者的指导下接受、实践相应思想政治教育内容的人，是思想政治教育者有意识地对其施加影响，以期使其形成相应思想政治品德的对象。受教育者有集体和个人对象之分。集体教育对象是相对个人教育对象而言的，它是由许多人结合起来的有组织的整体，比如，工厂中的车间、学校中的班级、军队中的连队等，这些都属于集体教育对象的范畴。思想政治教育学所说的教育对象，是从广义的视角去进行研究的，即指一切人。但在具体的思想政治教育实践中，实践的主体是教育者，教育对象只能是受教育者，也就是说，要重点把受教育者的思想政治品德作为我们认识、改造的对象。

（二）微时代大学生思想政治教育的主要对象

微时代大学生思想政治教育的对象主要是大学生，对大学生有一个比较全面的认识，无疑是做好微时代大学生思想政治教育的前提和基础。

思想政治教育必须"承认各个人在成长过程中所表现出来的才能和品德的差异，并且按照这种差异给予区别对待"，努力做到因材施教。在微时代大学生思想政治教育中，首先要对这一特定的教育对象有一个正确的认识，如果对教育对象缺乏科学的认识，就难以把握好教育对象产生思想问题的原因和动机，也就难以做好微时代大学生思想政治教育。首先，大学生是具有自然属性和社会属性的人。人的需要主要来自自然属性，即生理、心理的需要；但有些需要却来自社会属性，即社会的尊重和事业的成就。一般而言，人的需要大致可分为五个不同层次，即生理的需要、安全的需要、社交的需要、尊重的需要和自我实现的需要。前两种需要主要来自生理的需要，属低层次的需要，后三种需要来自社会性的需要，属于高层次的需要。人要尊重高层次的需要，相应的，微时代大学生思想政治教育就应该充分尊重大学生的权利，平等相待。教育者不能以"教育者"而自居，必须开诚布公，充分尊重受教育者的人格。如果教育者居高临下，自视为高人一筹，不能把受教育者看成是与自己完全平等的一员，而是以权力压人，以大道理训人，以尖刻的语言伤人，其结果不但不能解决思想问题，而且还会增加对立情绪，使矛盾激化。要把尊重人、理解人、关心人、帮助人，作为微时代大学生思想政治教育必须遵循的一个基本指导原则。只有平等地对待学生，理解每个学生的具体处境和个性，了解他们的不同性格、爱好和兴趣，以诚相待，以理服人，以情感人，微时代大学生思想政治教育才能真正收到实效。其次，大学生是一群独特的人。要尊重他们，要正确引导而不是压制。再次，大学生是一群亟待发展的人。每个大学生都是可造就的，微时代大学生思想政治教育应充分认识大学生身上的潜能和不足，更要帮助他们解决成长道路上所遇到的实际问题，促进其进步和发展。最后，大学生是微时代大学生思想政治教育的主体，教育者应树立学生是教育主体的观点，相信学生内在的主体能力，改变教育教学方法；要认真把握大学生主体能力的表现形式，为学生构建广阔的活动空间；要努力完善学生的主体结构，进一步探索学生主体活动的规律。

总之，微时代大学生思想政治教育必须树立科学的理念，即尊重学生、理解学生、关心学生、帮助学生的科学教育理念，微时代大学生思想政治教育的一切都是为了学生，为了教育学生、服务学生和使学生健康成长。

二、大学生思想政治教育的主体

（一）大学生思想政治教育主体的含义

要界定大学生思想政治教育主体的含义，必然要先揭示主体的内涵。从人的对象活动中去考察人与对象世界的关系，就出现了主体与客体这两个哲学范畴。何谓主体，不同哲学派别的哲学家对其做出了不同的理解。马克思主义认为，主体是生活在一定的社会关系中，从事社会实践活动的、能动的、现实的人。概括地说，主体是指有目的、有意识地从事实践活动和认识活动的人。

主体是人，但主体和人不是等同的。不是任何人都是主体，只有具备了一定实践技能、经验和科学文化知识并实际地从事实践和认识活动的人才是真正的主体。主体作为一种存在物，他与客体的不同在于具有自主性、主观性、自为性、社会性等特征。正是因为这些特征才决定了主体之所以为主体的本质。主体是一个实体范畴，是一种物质性的存在物，是自然与社会、物质与精神、感性与理性、受动与能动的统一体。

（二）实施主体性教育的意义

（1）主体性教育是培养和发展受教育者主体性的教育形式。提倡主体性教育，就是要让学生在社会所要求的思想观念、道德意识、行为规范等方面，由被动接受教育的客体成为主动接受、积极吸收和认真实践的主体，把学校的要求转化为他们内在的需要，使他们成为学习和发展的自觉主人。

（2）微时代大学生思想政治教育把实施主体性教育作为改革的重要目标，是适应时代发展，切实增强微时代大学生思想政治教育的实效性，实现高等教育培养"合格的社会主义建设者和接班人"这一要求的迫切需要。

第一，主体性教育是提高微时代大学生思想政治教育实效性的关键。

第二，主体性教育是加强素质教育和创新精神培养的迫切需要。

第三，主体性教育是促进学生个性充分发挥和实现自身价值的需要。

（3）实施主体性教育，就要调整教育目标，进行教育内容、方法、手段等方面的改进，使学生的主体性得到充分发挥。

三、微时代大学生思想政治教育的内容

（一）党的基本路线教育

我党在社会主义初级阶段的基本路线是："领导和团结全国各族人民，以经济建设为中心，坚持四项基本原则，坚持改革开放，自力更生，艰苦创业，为把我国建设成为富强、民主、文明、和谐、美丽的社会主义现代化强国而奋斗"。高校要紧紧把握这一思想政治教育的核心内容，在把握本质的基础上，结合微时代的特点，参考大学生的个性心理特征不断丰富其内涵。

（二）形势政策教育

形势是指国内、国际的时事发展趋势；政策是国家政权机关、政党组织和其他社会政治集团为了实现自己所代表的阶级、阶层的利益与意志，权威形式标准化地规定在一定的历史时期内，应该达到的奋斗目标、遵循的行动原则、完成的明确任务、实行的工作方式、采取的一般步骤和具体措施。形势政策教育是政治教育的一项经常性的教育内容。形势政策涵盖危机事件、舆论事件等诸方面，涉及社会生活各个方面，形势政策教育可以通过课堂教学、学术沙龙等形式开展。

（三）爱国主义教育

爱国主义教育是指树立热爱祖国意识的思想教育。爱国主义教育是思想政治教育的重要内容。爱国主义是一面具有最大号召力的旗帜，是中华民族的优良传统。爱国主义是人民执着的爱国之情和神圣信念，高校爱国主义教育应在现有的基础上不断继承和发展。

（四）网络政治素质教育

微时代使因地域产生的距离感拉近，信息传播及时、迅速。西方国家以及国家分裂势力也想借助网络"东风""顺势而为"，所以在网络上充斥着西方价值观和国家分裂的言论。这就要求我们构建网络政治素质教育，加强党的领导和大学生对社会主义制度优越性的认识，防止受"趋同论""资本主义化"的影响。

第三节　微时代大学生思想政治教育的目的、任务与重要性

一、微时代大学生思想政治教育的目的

与传统的思想政治教育方式相比，微时代思想政治教育具有针对性强、时效性强、信息量大、传播速度快、覆盖范围广等特点。网络上的内容具有生动性和广泛性。传统的思想政治教育方式单一且内容枯燥，容易使受教育者产生厌烦心理而达不到良好的教育效果。

互联网上的信息不仅有文字形态的，还有声音、图片和动画。这些图文和音像并茂的影视画面，使学生身临其境，从而可使思想政治教育达到最佳的教育效果。

另外网络具有跨时空性。不同地区乃至不同国家的学生都可以通过网络实现资源共享。网络的跨时空性极大地缩短了老师与学生之间的距离，学生可以通过丰富多彩的网上交流活动，对国内外的重大热点问题进行讨论，也可以随时就某些困惑不解的问题在网上向老师咨询和请教。这种让学生变被动为主动的思想政治教育形式，更有利于思想政治教育工作效果的达成。当代大学生的思想认识、价值观念、思维方式等均呈现个性化、多元化、复杂化的特点。计算机网络信息传输的快捷大大缩短了知识和信息传播的时间和周期，从而也极大地提高了思想政治教育工作的效率。网络具备很好的互动性，如果思想政治教育工作者能很好地利用网络，就可以调动起学生的主观能动性，从而体现"自我教育"和"自我帮助"的特点。特别是网络的匿名性特点，可使学生更容易说出自己的真实想法，从而更好地发挥思想政治教育的效果。

二、微时代大学生思想政治教育的任务

（一）微时代大学生思想政治教育任务的确立依据

第一，培育"四有"新人是社会发展进步的客观要求。从总体上看，人类社会总是不断发展进步，走向高度文明的。社会的高度文明，包括物质文明、政治文明和精神文明，在客观上都要求社会成员的思想道德素质和科学文化素质达到较高的水平，要求社会成员获得全面发展。思想政治教育致力于培养"四有"新人，既是社会主义文明建设的需要，又为社会发展到更高文明创造了条件，能够满足社会不断发展进步的要求。

第二，培育"四有"新人是社会主义精神文明建设的内在要求。在建设社会主义物质文明和政治文明的同时，建设以马克思主义为指导的社会主义精神文明，是社会主义社会的重要特征。《中共中央关于社会主义精神文明建设指导方针的决议》指出："社会主义精神文明建设的根本任务，是适应社会主义现代化建设的需要，培育有理想、有道德、有文化、有纪律的社会主义公民，提高整个中华民族的思想道德素质和科学文化素质。"思想政治教育是社会主义精神文明建设的中心环节和基本形式，其根本任务、工作中心的确定必须与精神文明建设的根本任务相一致。思想政治教育要促进社会主义精神文明建设，充分发挥其在精神文明建设中的作用，首先就要致力于培养"四有"新人，因为社会主义的一代新人是建设高度的社会主义精神文明的重要条件，也是精神文明建设的落脚点。同时，思想政治教育本身就是培养人的事业，理应把全面提高人的素质放在首要地位。可见，将培育"四有"新人作为思想政治教育的根本任务，既是建设高度的社会主义精神文明的需要，也体现了思想政治教育的本质，抓住了思想政治教育的中心。

（二）微时代大学生思想政治教育任务的内容

1. 道德品质教育是基础

开展道德教育，要按照我国颁布的《公民道德建设实施纲要》的指导思想、方针原则、主要内容进行，坚持以为人民服务为核心，以集体主义为原则，以爱祖国、爱人民、爱科学、爱劳动、爱社会主义为基本要求，以社会公德、职业道德、家庭美德为着力点，使道德教育既坚持社会主义的主导方向，又具有多样性。

十九大报告提出要加强思想道德建设，"深入实施公民道德建设工程，推进社会公德、职业道德、家庭美德、个人品德建设，激励人们向上向善、孝老爱亲，忠于祖国、忠于人民"，将公民道德建设摆到了更加重要的位置，为提升公民素质指明了方向。

2. 理想信念教育是核心

坚定社会主义理想信念，是思想建设的核心内容，是思想政治教育的根本任务。中国共产党人在革命战争年代已解决的"理想信念问题"，在中国革命胜利后，在改革开放、全面建成小康社会的今天，遇到了新的情况，面临着新的考验。

随着改革开放的深化，市场经济体制的建立，各种经济成分、利益主体和社会生活方式日趋多样化，给人们的思想观念、行为方式带来了影响。面对许多前所未有的新矛盾、新问题，一些人感到迷惘、困惑。这一现象变现为面对一些复杂的社会现象不知所解，面对多变的社会状况不知所向，面对多样的社会因素不知所选，其实质是缺乏明确而坚定的理想信念与价值标准。

3. 爱国主义教育是重点

爱国主义是中华民族的光荣传统，是蕴涵最为深厚的历史情感，是全国各族人民共同的精神支柱，鼓舞和激励着全国各族人民万众一心，团结奋斗。

爱国精神的培养是一个能动的过程，是受主体社会生活实践经验和认识能力的发展水平所制约的，有一个不断自我概括、内化和拓展的过程。爱国主义教育的任务，就是要以爱国心理为基础，对青少年进行系统的中国历史，特别是中国近现代史教育，帮助青少年从历史逻辑的高度，认识和把握中华民族发展的规律与趋势。同时，要站在面向世界的高度，对青少年进行中国化马克思主义理论教育，引导青少年认识中华民族的历史命运与中国化马克思主义理论的本质关联，从理论上升华朴素的爱国情感。只有这样，才能把感性的、分散的、不稳定的爱国心理，上升到理性的、集中的、坚定的爱国信念。因此，爱国主义是我国社会的精神主题，爱国主义教育是思想政治教育的重点。

4. 科学思维方式是补充

我们处在一个变革的时代，社会生活的方方面面都在发生激烈的变化。适应和推动这种变化，帮助人们转变观念、冲破旧的思维模式的束缚，培养和建立新的、现代化的科学思维方式，也是思想政治教育的重要任务。

（三）微时代大学生思想政治教育完成新时期任务的基本要求

思想政治教育的根本任务为确定一定时期思想政治教育的主要任务以及具体任务指明了方向。在任何时候，思想政治教育的主要任务以及具体任务，都要有利于教育对象思想道德素质的全面提高。这是由思想政治教育的根本性质决定的，是思想政治教育任务的共性。因此，尽管完成不同层次任务的具体要求不同，但无论哪一层次任务的实施都必须遵循下列一般要求。

1. 构建社会主义的核心价值体系

社会主义核心价值观的内容，由十八大首次提出，其内容是要倡导富强、民主、文明、和谐，倡导自由、平等、公正、法制，倡导爱国、敬业、诚信、友善，积极培育和践行社会主义核心价值观。这与中国特色社会主义发展要求相契合，与中华优秀传统文化和人类文明优秀成果相承接，是我们党凝聚全党全社会价值共识作出的重要论断。富强、民主、文明、和谐是国家层面的价值目标，自由、平等、公正、法治是社会层面的价值取向，爱国、敬业、诚信、友善是公民个人层面的价值准则，这24个字是社会主义核心价值观的基本内容，为培育和践行社会主义核心价值观提供了基本遵循。

在加强邓小平理论教育的同时，还要坚持用"三个代表"重要思想和马克思主义中国化的最新成果教育广大群众。同时要以培养担当民族复兴大任的时代新人为着眼点，强化教育引导、实践养成、制度保障，发挥社会主义核心价值观对国民教育、精神文明创建、精神文化产品创作生产传播的引领作用。社会主义核心价值观教育是新时代高校教育的重要组成部分。大学生正处在世界观、人生观、价值观形成和确立的重要时期，抓好这一时期的社会主义核心价值观教育非常重要。通过有效举措增强社会主义核心价值观教育的仪式感，有助于提升大学生对社会主义核心价值观的敬畏心和敬重感，促使其转化为大学生的情感认同和行为习惯。

2. 突出当今时代主旋律

爱国主义、集体主义和社会主义教育，是我们时代的主旋律，是当前思想政治教育的核心和重点内容。新时期思想政治教育应牢牢把握这一重点和核心，坚持用爱国主义、集体主义、社会主义思想培养"四有"新人。

突出主旋律教育，要帮助受教育者正确理解爱国主义、集体主义、社会主义的科学内涵及时代特征，并引导受教育者将其内化。爱国主义是一个历史范畴，在不同的国家、不同的历史时期有不同的内容。在我国现阶段，"爱国主义主要表现为献身于建设和保卫社会主义现代化事业，献身于促进祖国统一事业"。进行爱国主义教育，就是要引导受教育者热爱社会主义祖国，坚持党在社会主义初级阶段的基本路线，为振兴中华、实现社会主义现代化而努力奋斗。集体主义是社会主义社会思想道德领域最基本的价值导向，其实质就是集体利益高于一切，全心全意为人民服务。集体主义一向是我国思想政治教育的核心内容，在新的历史条件下，思想政治教育仍然必须坚持对受教育者进行集体主义价值观教育不动摇。社会主义是以生产资料公有制为基础的社会制度，本质是解放生产力，发展生产力，消灭剥削，消除两极分化，最终达到共同富裕。进行社会主义教育，就是要帮助教育对象认识到，社会主义一定会代替资本主义，这是人类社会发展的必然趋势。只有社会主义才能救中国，只有社会主义才能发展中国。在市场经济条件下，我们应注意结合人们的思想实际，深入进行社会主义思想教育，帮助受教育者坚定社会主义信念，保证我国永远沿着社会主义道路前进。爱国主义、集体主义、社会主义教育是三位一体、相互促进的。在进行主旋律教育时，一定要全局在胸，注意到它们之间的紧密联系，既有所侧重，又使其相互补益、相互促进。只有这样，主旋律教育才能更好地发挥整体效应，使爱国主义、集体主义、社会主义真正变成受教育者思想以及行动上的主旋律。

突出主旋律教育，要引导受教育者把爱国主义、集体主义、社会主义思想付诸行动，积极投身到建设中国特色社会主义的伟大实践中。爱国主义、集体主义、社会主义三者统一的基础就是建设中国特色社会主义的实践。换言之，建设中国特色社会主义的实践，充分体现了爱国主义、集体主义、社会主义的有机统一。第一，建设中国特色社会主义是新时期爱国主义的主题。把我国建设成为富强、民主、文明、和谐的社会主义现代化国家，集中反映了全体人民的根本利益和愿望，是新时期国家、民族前途的命脉之所系。因此，新时期爱国主义的基本内涵和最高主题就是建设中国特色社会主义，全面实现社会主义现代化。在今天，一切积极投身于现代化建设的劳动者都是真正的爱国主义者。第二，建设中国特色社会主义是集体主义精神的大发扬。建设中国特色社会主义是一项全民族的事业，是全国人民的共同责任。只有动员和调动一切力量，发挥广大人民群众的积极性，依靠全国人民的集体奋斗，这一伟大事业才能成功。同时，在建设中国特色社会主义的进程中，必然会出现某些矛盾和困难，甚至某些利益关系失调，只有坚持集体主义价值导向，才能正确处理各种利益关系，化解种种矛盾，克服困难，从而保证中国特色社会主义建设顺利进行。第三，建设中国特色社会主义是一条符合中国国情的社会主义建设道路，它初步解决了在中国这样一个经济、文化比较落后的国家如何建设、巩固和发展社会主义的一系列基本问题，在理论和实践上都把社会主义事业向前推进了一大步。努力建设中国特色社会主义，就是坚持和发展社会主义。正因为建设中国特色社会主义充分体现了爱国主义、集体主义、社会主义的有机统一，因而进行主旋律教育，最后的落脚点就是引导人们积极投身于这一伟大实践；在实践中继承和弘扬中华民族的爱国主义精神，坚持集体主义的价值导向，坚持社会主义信念，为实现社会主义现代化而努力奋斗。

综上所述，爱国主义、集体主义、社会主义是当前思想政治教育的主旋律。在建设中国特色社会主义进程中，坚持主旋律教育，就抓住了思想政治教育的核心，就能更好地用主旋律统一受教育者的思想，协调受教育者的行动，使受教育者积极投身于社会主义现代化的伟大实践中，并在实践中逐步把自己培养成"四有"新人，从而较好地完成思想政治教育的各项任务。

3. 弘扬中华民族优秀的传统文化

《中共中央关于加强社会主义精神文明建设若干重要问题的决议》强调，加强社会主义精神文明建设，要弘扬祖国传统文化精华。思想政治教育是社会主义精神文明建设的基础性工作，是物质文明、政治文明和精神文明建设的基本保证。在教育过程中要弘扬中华民族的优秀传统文化，这对于完成思想政治教育的各项任务，全面提高受教育者的精神素质，具有极其重要的现实意义。

中华民族传统文化是中华民族发展史上不同时代文化的累积。作为过去时代精神的反映，传统文化自然有一定的历史局限性，有一些内容是失去了历史存在合理性的糟粕，应当剔除。但毫无疑问，传统文化中也有许多内容超越了本身的时代而揭示出与人类总体或个体相关的一些永恒问题，这些内容是传统文化的精华，应予以继承和弘扬。如"有无相生，难易相成""一物两体""分一为二""和而不同""天人合一"的哲学思想；"己所不欲，勿施于人""己欲立而立人，己欲达而达人""老吾老以及人之老，幼吾幼以及人之幼"的伦理思想；"三人行，必有我师焉""有教无类""诲人不倦"的教育思想；"夙夜在公""国而忘家、公而忘私"的奉献思想；"先天下之忧而忧，后天下之乐而乐""天下兴亡，匹夫有责"的忧患意识和爱国主义情怀；"刚健奋进""自强不息"的进取精神；"杀身成仁、舍生取义"的英雄气概；"富贵不能淫、贫贱不能移、威武不能屈"的立身情操；"苟利国家生死以，岂因祸福避趋之"的献身精神；"鞠躬尽瘁、死而后已"的勤勉风格；"经世致用""济世之穷"的积极用世思想；"民为邦本，本固邦宁""天地之间莫贵于人"的民本人本思想；"天下为公""世界大同"的社会理想等，都是中华民族传统文化的精华。这些内容是思想政治教育可以借鉴及运用的重要思想资源。在思想政治教育中，弘扬优秀传统文化，有助于培养教育对象形成崇高的理想，强烈的爱国主义、集体主义思想，为祖国繁荣昌盛努力奋斗的献身精神以及高尚的精神境界，有助于提高全民的思想道德素质。思想政治教育应努力"把马克思主义世界观的教育同中华民族的优秀传统文化教育结合起来"，充分发挥优秀传统文化的教育作用，使新一代"四有"新人健康成长。

三、微时代大学生思想政治教育的重要性

微时代的到来，确实给高校的生活带来了翻天覆地的变化，丰富了人们的生活，对高校的思想政治教育也发挥着重大作用，主要表现在以下两个方面：一方面，高校网络思想政治教育建设是学校教育管理的重要组成部分。现代思想政治教育更加注重实效性，随着社会和信息科技的发展，思想政治教育工作也在与时俱进，与信息网络时代接轨。高校进行思想政治教育建设要将新兴技术手段与传统的思想政治教育的精髓有机结合，将信息技术作为手段，通过科学、高效、合理的教育和管理策略，不断推动高校思政工作的进行。另一方面，新时期高校网络思想政治教育建设对于大学生成长而言具有十分深远的意义。大学生正处于人生各种价值观、社会观、科学观树立的重要时期，社会经验尚不成熟，大

学生思想政治教育需要具有针对性，针对大学生的性格特点进行管理和教育，使大学生可以正确面对虚拟网络世界，对于网络上的信息拥有自我判断的能力，不受网络世界的干扰。微时代环境下对于大学生自主意识、自我认知水平等能力的培养是大学生思想政治教育的核心目标，通过对大学生引导和成长方式的培养，提高学生的民主和法律意识、观念，使大学生健康成长。

第四节　微时代大学生思想政治教育理念、形态和模式的转变

微时代发展逐渐影响了人们的生活和交流方式，大学生群体作为微时代的活跃用户，其思想和文化理念都备受微时代环境的影响。因此，借助微时代展开思想政治教育工作，能促使大学生思想政治教育工作走向多元化、信息化和网络化，为高校学生思想政治教育工作教学改革注入新元素，能加快思政教育工作的革新。高校要应充分认识到微时代的影响，利用好微时代的特点，构建思政教育网络，巩固主流意识形态，在落实立德树人根本任务的同时，创建新的思政教育模式，为社会输送优质人才。

一、微时代大学生思想政治教育的理念、形态和模式转变的意义

信息时代下互联网影响着生活的方方面面，大量的互联网信息渗透在学生的生活和学习中。微时代逐步影响教育的方方面面，给大学生思想政治教育带来挑战和机遇。一方面，现代社会互联网技术的发展，让教育呈现多样化、人性化和持续化。微时代加快了思政教育创新发展的步伐，在文字、声音、图片以及视频等直观呈现中，有效革新了大学生思政教育内容的形态，用形象化与多样化的教育内容带动了大学生思想政治教育理念、形态和模式的转变。新教育技术的运用为高校思政立德树人奠定了技术基础。另一方面，由于微时代和互联网的发展，信息纷繁复杂，大量不良信息泛滥，大学生备受互联网环境影响，扭曲了价值观念、价值取向。微时代教育教学能让学生更加直观地感受思想政治内容，也因受微时代环境以及资讯的影响，导致思政教育也参与到信息竞争中，保证了思政教育的实效性。且微时代文化对学生观念和思想影响较大，多数非主流思想形态在微时代中泛滥。鉴于此，微时代大学生思想政治教育理念、形态和模式转变是时代发展的必然趋势。

二、微时代大学生思想政治教育理念、形态和模式转变的策略

（一）引入现代教育理念

大学生思想政治教育强调与时俱进，微时代下的思想政治教育要转变思想政治教育观

念，严格以习近平总书记主持召开的学校思想政治理论课教师座谈会并发表的重要讲话为基础，将立德树人作为新时代大学生思想政治教育理念，教师身体力行引导学生的思想和观念，从德育、文化等方面入手，培养新时代人才，有针对性地开展思想政治教育。教师思想政治教育观念的转变，重在教学思想革新，应立足于高校学生思想政治实际需求，将人本理念、立德树人等作为教学理念，突出学生的主体地位，按照新时代教育理念，运用多种教育教学手段，激发学生对思想政治学习的热情，将思想政治学习的主动权归还给学生，课堂中以学生学习为主展开思想政治教育。兴趣是学生学习思想政治的内在动力，微时代下的思想政治教育，以文字、视频、声音为媒介，教师要严格贯彻落实立德树人教育理念，丰富思想政治教育内容，为理念革新，为教学内容、教学方法和教学模式更新奠定基础。

（二）更新大学生思想政治教育内容

微时代大学生思想政治教育内容要立足于新时代环境，突破传统纸质课本的局限，从微时代互联网中选取有用的教学素材，联系学生生活，巩固主流思想形态教育。教学内容要摒除传统单一的思想政治理论，还要结合实际生活，全方位地激发学生的学习兴趣，提高学生学习思想政治的效率。思想政治教育教学应联系实际生活，利用学生日常接触的微信信息、微博热搜等，将微时代素材和教学内容联合，在课堂中联系实际案例，提高课堂内容的可探讨性和参与性，促使学生积极主动地投入到思想政治学习中，借助信息渠道让学生更好地了解主流意识形态。通过引导学生分析问题和探讨案例，让学生拥有正确辨识的能力，丰富思想政治知识，用理论联系实践的方式，贯彻落实思想政治教育内容，降低网络低俗信息对学生的影响。

（三）革新教学模式

对学生进行思想政治教育要先激发学生的学习兴趣，用微时代互动的形式为高校学生创造一个更加自由、宽松的学习环境，让高校学生主动参与到思想政治学习互动中。因此，微时代在大学生思想政治教育中的应用要引进现代教学理念，以人本思想和个性化教学理念为主，改变单一的教育模式，以学生为主体构建网络思想政治教育体系，加强对学生网络信息分辨能力的培养。首先，利用新的学习软件，拓展学生思想政治学习途径，如在微信、微博中展开思想政治教育，以学生喜闻乐见的形式传授思想政治知识，摒弃传统思想政治理论灌输性的教学方法，培养学生自主学习意识。其次，受微时代的影响，教师也可以利用微时代技术，更加方便及高效地对学生进行思想政治教育，采用微课、慕课、翻转课堂等形式，开展思想政治课堂教学。如今大部分高校生都有手机和电脑，教师可以采用微课教学方式帮助学生进行思想政治学习，将思想政治课程中的重点及难点提前展示给学生，逐步帮助学生养成独立自主的学习习惯。微时代对思想政治教育教学最大的帮助在于可以使学生充分展示个性，从而帮助学生找到学习思想政治的自信，进而帮助学生更有效地学习思想政治。

　　综上所述，在微时代背景下，大学生思想政治教育教学要围绕学生的思想动态，以树立正确的世界观、价值观、人生观为目标，利用微时代互动的特点提高学生对社会主义核心价值观的认可，积极推动大学生思想政治教育理念、形态和模式转变。高校要针对思想政治教学内容、方法等展开探究，更新教学内容，创新教学方法，引入现代化教育理念，进而将微时代作为高校大学生思想政治教育的有效工具，提高大学生思想政治教育的质量。

参考文献

[1] 胡在东，宋珊，杨文 . 大学生思想政治教育模式与方法创新 [M]. 北京：九州出版社，2018.

[2] 王楠 . 大学生思想政治教育创新研究 [M]. 延吉：延边大学出版社，2017.

[3] 周成军 . 大学生思想政治教育与创新创业 [M]. 北京：光明日报出版社，2016.

[4] 闫晓静 . 大学生思想政治教育创新研究 [M]. 成都：电子科技大学出版社，2017.

[5] 史庆伟 . 大学生思想政治教育管理与实践研究 [M]. 天津：天津教育出版社，2015.

[6] 简冬秋，孟广普 . 大学生思想政治教育方法新论 [M]. 沈阳：辽海出版社，2019.

[7] 董晓蕾 . 大学生思想政治教育方法的理论与实践研究 [M]. 北京：北京师范大学出版社，2018.

[8] 徐建军 . 大学生网络思想政治教育理论与方法 [M]. 北京：人民出版社，2010.

[9] 戴丽红 . 当代大学生思想政治教育创新探索 [M]. 成都：电子科技大学出版社，2016.

[10] 刘便花 . 高校大学生思想政治教育创新与实践研究 [M]. 北京：国家行政学院出版社，2017.

[11] 黄慧琳 . 高校大学生思想政治教育与创新能力培养探索 [M]. 成都：电子科技大学出版社，2017.

[12] 崔付荣 . 新时代大学生思想政治教育创新发展研究 [M]. 北京：新华出版社，2018.